KB105541

아이들의 평화는

왜 오지 않을까?

생각하는
돌고래
004

아이들의 평화는 왜 오지 않을까?

강안 글 | 버닝피치 그림

웃는돌고래

들어가며

미국 테네시 주에 있는 낙스빌Knoxville은 작고 조용한 도시다. 동쪽으로는 캔터키 주, 남쪽으로 노스캐롤라이나와 조지아 주가 접해 있고 테네시 강이 그레이트 스모키마운틴을 돌아 미시시피 강으로 흘러가는, 자연이 아름다운 곳. 나는 그곳 낙스빌에 자리하고 있는 테네시 주립대University of Tennessee 연구원으로 3년간 체류했다. 스콧 오델이 쓴《달빛 노래》에 마음을 빼겨 인디언 수난의 역사와 삶에 관심이 많았던 때, 대학 도서관을 드나들며 미국 인디언에 관한 책과 논문을 읽었다. 내 두 아이들은 교환 학생으로 낙스빌에 있는 한 고등학교에 다니고 있었다.

낙스빌에서 자동차로 한 시간 남짓한 거리에 '채타누가'라는 체로키 인디언Cherokee Indian 마을이 있었는데, 나는 두 아이와 그곳에 가는 걸 좋아했다. 근처에 있는 스모키마운틴의 다양한 트레일을 찾아가는 기쁨도 컸지만, 인디언 마을을 방문하는 일은 큰 즐거움이었다.

1800년대 스페인, 영국을 비롯한 유럽인들은 아메리카 대륙을 침략해 인디언의 삶의 터전을 빼앗고 특정 지역으로 강제 이주시켰다. 미국 남동부에 흩어져 살고 있던 체로키족, 촉토족을 비롯한 인디언 부족 6만 명이 오클라호마 인디언보호구역으로 이주했다. 그 과정에서 4천여 명이 넘는 인디언들이 추위와 굶주림에 죽었다. 체로키 인디언들이 살았던 조지아 주변에는 금광을 비롯한 광물 자원이 풍부해 백인들이 몰려들었다. 미국 정부는 인디언 땅을 백인에게 나누어 주려고, 정착촌을 만들어 인디언들이 제한된 구역에서만 살도록 했다.

테네시 주 채터누가에 살았던 인디언들은 4개월 동안 약 1천2백 마일(약 1,920킬로미터)을 걸어 오클라호마로 이동했다. 이후에도 30여개 인디언 부족이 강제로 이주당했다. 강제 이주 당시, 몰래 스모키마운틴에 숨어 살았던 인디언이 바로 체로키 인디언이다.

조상 대대로 전통적 삶의 방식을 이어 오며 자연에 순응하고 그 질서 안에서 소박하게 살았던 그들의 오늘은 미국 정부의 보조금을 받고 보호구역 내에서 관광 안내나 인디언 전통춤을 추며 살아가는 것이다. 몹시 안타깝고 애처로웠다. 그들의 삶이 왜 전시용이 되었는지 알아갈수록 헛헛했고, 분노가 일었다. 철갑옷을 입은 문명, 화약으로 무장한 백인들의 욕망 앞에서 인디언의 삶은 너무 쉽게 무너졌다. 애써 키운 가축들과 대대로 내려온 과수원, 버들가지와 동무해 흘러가던 시냇물, 나그네가 목을 축이던 달콤한 우물, 순한 눈망울을 지닌 망아지를 두고 강제이주 당했던 인디언. 그들의 삶을 들여다보며, 나는 유럽인의 탐욕에 몸서리쳤다.

미국은 유럽 제국주의자들의 불온한 욕망이 세운 이민자의 나라다. 나는 미국 이민사에 대한 호기심으로 가득 차 있었는데, 미국에 머무는 동안 다양한 이유로 미국에 와서 사는 이민자를 만날 수 있었다. 그 아이들 중에는 멕시코에서 밀입국한 프레드, 팔레스타인 난민 모하메드, 한국 유학생 김정민, 베트남 이민 2세 위 빈이 있었다. 경제적·정치적인 이유 말고도 다양한 이유를 가지고 미국에 들어와 이민자로서 살아가는 아이들의 삶이 강제 이주당한 인디언의 삶과 다르지 않았다.

언어와 문화의 차이, 경제적 어려움을 감내하며 살아가는 이민 청소년들은 또래 평범한 아이들보다 상처가 많았다. 그들에게 현실은 냉혹했다.

프레드는 멕시코에서 밀입국한 부모를 따라 미국에 들어온 열세 살 소년이다. 아이는 미국행을 원하지 않았지만, 부모는 프레드의 미래를 위해 미국을 선택했다. 밀입국에 성공한 뒤에는 가족이 흩어지는 아픔을 겪었다.

모하메드의 아버지는 팔레스타인 난민으로, 미국에 왔다가 사고를 당했다. 모하메드는 아버지의 사고로 가장이 되어야만 했다.

위 빈은 베트남 왕족인 부모를 두었다. 위의 부모는 공산화된 베트남에서 보트를 타고 미국으로 탈출한 보트피플이다. 미국에서 태어난 위와 위의 쌍둥이 여동생 위령과 위안은 시민권자가 되었지만, 알코올중독자인 아버지 때문에 하루도 편할 날이 없었다.

정민이는 엄마를 잃고 미국으로 와 외조부모와 살고 있는 열여섯 살 소녀다. 주유소를 하는 외조부모와 갈등이 심했다.

한국에 돌아온 후에도, 나는 오랫동안 이 아이들을 마음에서 지울 수가 없었다. 그래서 이제라도 아이들 이야기를 남겨 보자고 결심했다. 아이들에 대한 이야기를 쓰기로 결심한 데는 이유가 하나 더 있었다. 중학생인 내 조카 선우가 학교에서 친구들로부터 따돌림을 당해 힘들어하고 있었기 때문이다. 무슨 일에든 적극적이고 공부도 알아서 하던 선우는 중학교에 다니며 친했던 친구들과 멀어졌다. 선우에게는 초등학교 때부터 거리낌 없이 지내온 남자 아이가 있었는데, 선우와 친했던 다른 여자 친구 한 명이 그 남자 아이를 좋아했던 모양이다. 남자 아이와 가깝게 지내는 선우를 봐줄 수 없었던지 헛소문을 내고 따돌렸다. 선우는 필리핀에서 엄마를 따라 한국에 온 경은이라는 친구의 도움으로 겨우 마음을 추슬렀다.

경은이는 선우보다 더한 아픔을 갖고 살아가는 열네 살 소녀다. 세 살 되던 해 아빠를 잃었다. 엄마는 필리핀에서 사업을 하던 한국인 사장 집에 가사도우미로 지내다가 동생 경주를 낳았고 한국인 사장과 결혼했다. 사업에 망한 한국인 사장은 필리핀을 떠나 돌아오지 않았다. 엄마는 경은이와 동생 경주를 데리고 한국에 나왔으나 사장은 사고를 당해 병원에 입원 중이었고 엄마의 간병을 받다 세상을 떴다. 엄마는 베이비시터가 되어 경은과 동생 경주를 돌보며 살아가고 있었다. 경은이는 한국인 친구들에게 "다문화!"라고 불린다.

냉대와 편견 속에서 한국에서 살아가는 이민 아이들의 삶이 미국에서 만났던 이민 아이들의 삶과 다르지 않다.

탈북 이주 청소년을 비롯해 우리나라에도 다양한 나라에서 이주해 오는 사람들이 많아졌다. 이주해 가고 이주해 오는 이주민, 어떤 차이가 있을까?

이주민이란, 오랫동안 터를 잡고 살아온 곳을 떠나 다른 곳에 정착해 살아가는 사람들이다. 국내 이주야 좀 낫겠지만, 언어와 문화가 다른 장소에 터를 잡고 새로 시작해야만 하는 이주란 쉽지 않다. 어디에서건 새로 시작한다는 건 새롭지만 두렵기 때문이다.

아이들은 더욱 그렇다. 살아갈 터를 잡으려고 바람에 부대끼며 날아가는 민들레 씨처럼, 타지에 뿌리를 내리고 살아가는 일이 어디 쉬울까? 냉혹한 현실을 견디며 아픔을 겪겠지만, 아이들이 뿌리를 내리고 예쁜 꽃을 피워 낼 수 있도록 누군가는 도와야 한다. 그들이 고립되지 않도록 관심을 가져야 한다. '위 아 더 월드we are the world'라는 구호뿐 아니라 그들에 대한 편견을 버리고 함께 살아갈 수 있다면 얼마나 좋을까. 낯선 곳에 발을 내딛는 이들에게, 먼저 손을 내민다면 얼마나 큰 위로가 될까. 우리도 언젠가는 '낯선 곳의 주인공이 될 수도 있다'는 생각을 하면서 말이다.

프레드의 아빠는 밀입국과 강제 추방을 반복했다. 프레드와는 내가 낙스빌을 떠나면서 소식이 끊겼다. 모하메드는 내가 떠나올 당시 식료품점에서 일을 하고 있었는데, 이후 매니저가 되었다는 소식을 들었다. 위 빈은 아버지가 재활 치료에 성공해 가족이 안정된 생활을 하게 되었고, 〈테네시 주립대〉에서 경영학을 전공한 뒤 회사에 다니고 있다. 정민이는 〈U. C 버클리〉에 들어간 뒤 조부모에게서 독립했다.

한국에 있는 선우와 경은이는 현재 중학교에 재학 중이다. 사춘기에 있는 예민한 아이들이라 실명을 쓰지 못했다.

미국에 머문 기간보다 돌아와 보낸 시간이 더 길다. 그래도 그때 만난 아이들의 이야기를 꼭 하고 싶었다. 지금 이 땅의 중학생인 선우와 경은이가 겪는 현실이 그 시절 미국에서 만난 아이들이 겪은 아픔과 달라 보이지 않았기 때문이다.

낯선 것을 두려워하고 공포를 느끼는 내부자의 시선이 아니라, 같은 공간에서 삶을 꾸려 가려는 '동반자'로서의 시선을 이야기하고 싶었다. 이 책을 읽은 청소년 중 한 명이라도 그 아이들의 아픔에 깊이 공감할 수 있다면, 그것으로 내 몫의 부담은 크게 덜어질 것이다.

2018년 11월

강안

차례

1장

땅굴을 건너와 만난 더 깊은 어둠

멕시코 밀입국자
프레드

집과 학교를 오가던 어느 날, 좁은 일차선 도로가에 앉아 채소와 과일을 팔고 있던 작은 소년을 만났다. 숲 속에 놓여 있던 컨테이너에서 살고 있던 멕시코 소년 프레드였다. 학교에 오가며 늘 같은 길을 다녔지만, 그곳에 컨테이너 집이 있다는 걸 몰랐다.

프레드는 집을 비운 아빠를 대신해 가장 노릇을 하고 있었다. 소아마비를 앓고 휠체어 신세를 지는 열다섯 살 형 카를로스, 세 살배기 여동생 에드나와 함께 있었던 프레드는 불법 체류자였다. 고향 멕시코를 떠나 불법 체류자 신분으로 있는 프레드에게 나는 늘 마음이 쓰였다. 아빠의 소식도 모른 채 형과 동생을 지키며 버티는 열세 살 소년. 합법적으로 학교에 다닐 수 없었고, 그 어떤 사회적 보호 장치도 없이 불안한 삶을 살았다.

멕시코에서 들어오는 수많은 불법 체류자들은 대부분 경제적 궁핍에서 벗어나고 좀 더 나은 교육 혜택을 받고자 위험을 무릅쓰고 밀입국을 감행한다. 프레드 가족 또한 그런 이유로 들어왔다. 하지만 프레드 아빠는 붙잡혀 멕시코로 추방되었다 다시 밀입국했고, 또 다시 추방되었다. 프레드는 그런 비극적인 상황 속에서 살아남기 위해 안간 힘을 쓰고 있었다.

내가 미국을 떠나기 며칠 전 할로윈데이 오후였다. 집근처에 있는 식료품 가게 〈크로거croger〉에서 나와 자동차 시동을 걸고 있는 중이었는데, 한 소년이 아빠 손을 잡고 걸어가고 있었다. 겅중겅중 뛰며 걷는 아이의 발걸음이 꽤 가벼워 보였다. 프레드가 분명했다. 나는 시동을 걸다 말고 그 장면을 한참 바라보았다. 목울대가 아팠고 코끝이 싸했다. 프레드가 쓰고 있던 할로윈 가면은 색연필로 그린 종이호랑이였다. 아는 체를 하지 못하고, 나는 프레드가 사라질 때까지 가만히 그 자리에 있었다.

프레드가 도로가에 앉아 무언가를 파는 걸 처음 본 날, 나는 그 아이가 초등학교 이삼 학년쯤 되는 줄 알았다. 길에서 아이를 본 적이 없었는데, 놀랍고 궁금해서 나도 모르게 자동차를 세웠다. 아이는 다 말라 시들어 가는 채소 몇 가지에 감자, 양파, 할머니 종아리마냥 물렁물렁한 토마토 한 박스와 망

고, 파인애플을 펼쳐놓고 팔고 있었다. 아이 혼자 물건을 파는 게 신기해 물었다.

"네 물건이니?"

아이는 고개를 두어 번 끄덕거렸다. 나는 물건을 사며 아이와 얘기를 나눴다. 아이의 이름은 프레드, 멕시코에서 왔고 길에서 스무 걸음쯤 떨어진 컨테이너에 산다고 했다. 그 허름한 컨테이너에 사람이 살고 있었다니! 그저 누군가의 창고쯤으로 보였는데……. 내가 컨테이너를 바라보는 그때 어린 여자애가 컨테이너 안에서 아장아장 걸어 나왔다. 프레드는 동생 에드나라고 했다. 자다 일어났는지, 눈을 비비며 찡얼거리는 동생을 들어 안으며 프레드는 달래기 시작했다.

"어른 안 계시니?"

"아빠가 곧 오실 거예요."

프레드는 내가 토마토와 망고 값으로 낸 이십 달러를 주머니에 넣으며 말했다. 그때까지도 나는 프레드가 부모를 대신해 잠깐 가게를 보고 있는 것이라고 생각했다.

"그동안 이곳에서 물건 파는 걸 한 번도 못 봤는데?"

"아빠는 채소랑 과일이랑 트럭에 싣고 다니면서 팔아요. 여기 이건 아빠가 남겨 둔 거고요."

"근데 왜 넌, 아빠가 남겨 둔 물건을 팔고 있는 거니?"

프레드는 대답 대신 바람에 꺾인 나뭇가지처럼 고개를 떨어뜨렸다. 그때 컨테이너 안에서 누군가 프레드를 부르는 소리가 들렸다.

"형, 카를로스예요."

프레드가 말했다.

미국에 밀입국하려는 사람들

미국 내 밀입국을 하려는 사람들 대부분은 자국의 경제적 어려움과 전쟁, 정치와 종교 문제를 가지고 있는 경우가 많다. 이 중에서도 경제적 어려움 때문에 또는 자녀들의 더 나은 교육 환경을 원해 선택하는 밀입국이 가장 많다. 국민 GDP가 8천 달러 정도 되는 멕시코인들도 경제적 궁핍에서 벗어나기 위해 미국으로 밀입국한다. 불법 체류 중 단속에 걸리면 추방되지만 몇 번이고 밀입국을 재시도한다. 멕시코인들의 미국 내 밀입국을 줄이기 위해 미국에서는 멕시코 국경 도시 티후아나 발전에 많은 돈을 들여 멕시코인들의 경제적 자립을 돕기도 했다. 미국 샌디애이고에서 자동차로 한 시간 정도 거리에 있는 멕시코 국경 도시 티후아나에 가 본 적이 있다. 어찌나 치안이 불안한지 서둘러 돌아왔다.

트럼프 정부는 다양한 방법으로 밀입국자 단속을 하고 불법 체류자 추방에 적극적이다. 속지주의 국가인 미국은 미국 내에서 태어난 아이들에게 미국 시민권을 주지만 그 부모는 여전히 불법 체류자 신세다. 부모가 검거되어 추방되면 아이들만 남는 경우도 있다. 그런데 요즘은 불법 체류자의 자녀들까지도 추방해야 한다는 법안을 시행해 논란이 되기도 한다.

미국에 들어온 멕시코 불법 체류자 현황

2010년 기준, 미국 내 멕시칸 불법 체류자는 664만 명 정도다. 미국 내 불법 체류자는 2000년 이후 해마다 47만 명씩 증가했지만 트럼프 정부의 반이민 정책으로 인해 줄어드는 추세다. 불법 체류자 중에는 멕시코인이 전체의 59퍼센트로 1위, 2위는 엘살바도르, 3위 과테말라, 필리핀·중국 4위, 온두라스 6위, 한국은 7위다.

미국 내 불법 체류자 상당수는 캘리포니아에 산다. 171만 명으로 추정되며 전체의 24퍼센트를 차지한다.(참고: u. s. department of homland security)

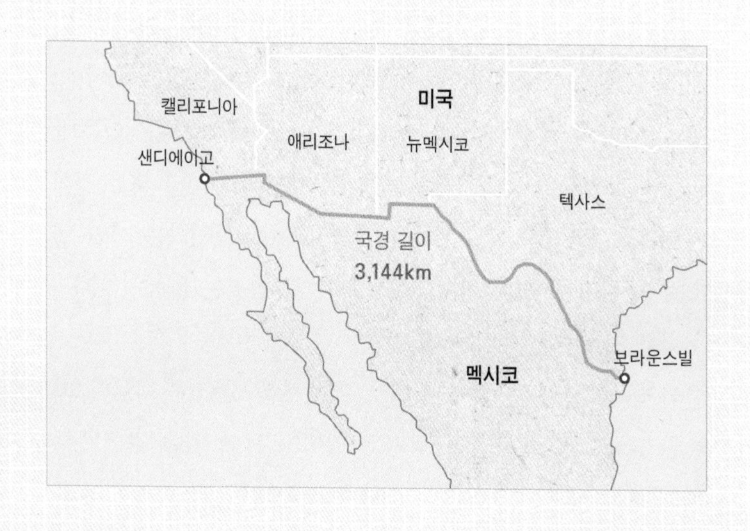

카를로스가 컨테이너 밖으로 고개를 내밀며 나를 바라보았다. 곱실곱실한 머리카락을 가진 남자애였다. 카를로스는 손으로 바닥을 짚고 컨테이너를 빠져나와 컨테이너 벽에 몸을 기댄 채 앉았다. 카를로스는 걸을 수가 없는 아이였다.

궁금한 게 많았지만, 날이 어두워져 토마토와 망고를 받아 집으로 돌아왔다. 음식 만드는 동안에도 머릿속은 온통 프레드 생각뿐이었다. 어린아이가 길가에 나와 물건을 팔아야 하는 데는 까닭이 있을 것 같았다.

월요일, 학교에서 돌아오는 길에 프레드의 과일 좌판에 다시 들렀다. 그런데 물건만 진열되어 있고, 프레드가 보이지 않았다. 길가에 차를 세우고 컨테이너 앞을 서성거리고 있는데, 어디서 중얼중얼 소리가 들렸다. 가만가만 컨테이너 뒤로 걸어가 보니, 놀랍게도 프레드가 다리가 묶여 버둥거리는 까만 염소를 붙들고 노래를 하고 있는 것이다! 염소는 매에~ 매에~ 소리를 지르며 몸부림을 쳤고.

깜짝 놀라 나는 좀 큰소리로 프레드를 불렀다. 나보다 더 놀란 프레드는 용수철이 튕기듯 일어나 들고 있던 무언가를 등 뒤로 숨겼다.

"왜 그래? 무슨 일 있니? 물건 사려고 들렀는데, 네가 안 보여 찾다가 여기까지 왔어."

프레드는 당황한 것 같았다. 다리 묶인 염소는 계속 바르작거렸다.

"염소 다리는 왜 묶었니?"

프레드는 난처한 표정으로 주저주저하다 겨우 말했다.

"젖을 짜고 있었어요."

"염소젖을 얻으려고 염소를 묶었던 거야?"

"몽골 사람들이 노래를 부르며 염소젖 짜는 걸 텔레비전에서 봤거든요. 그러면 염소젖이 많이 나온대요."

"염소젖은 왜?"

"에드나 주려고요. 엊그제 집 앞 도랑에 처박혔는데 많이 놀란 것 같아요. 자꾸 칭얼대요."

에드나가 끌차를 타고 놀다 도랑에 처박혔다는 것이다. 에드나가 짐을 실어 나르는 작은 수레를 갖고 놀다가 그랬던 모양이었다.

"에드나에게 왜 염소젖을 먹이려는 거야?"

프레드는 작은 등을 동그랗게 말고 땅속으로 들어갈 듯 몸을 움츠렸다. 나는 그런 프레드의 얼굴을 보려고 몸을 굽혔는데, 순간 프레드의 눈에서 후두둑 눈물이 떨어졌다. 너무 당황해 나도 모르게 프레드를 안고 말았다. 프레드가 내 품에서 훌쩍거리기 시작했다. 얼마나 서럽게 우는지…….

한참을 그러다 겨우 마음이 진정되었는지 손등으로 눈자위를 쓱쓱 문지르고는 염소젖이 담긴 양은 컵을 내게 맡겼다. 그리고 염소 다리에 감겼던 밧줄을 풀며 말했다.

"이름이 엉뚱이예요. 처음엔 보들이였는데 자꾸 집을 나가 엉뚱한 데서 찾게 되어 엉뚱이라고 부르게 됐어요. 에드나 친구예요."

엉뚱이가 매에~ 매에~ 두어 번 울더니 비척거리며 숲으로 도망쳤다. 엉뚱이가 사라진 뒤 프레드는 나를 데리고 컨테이너 안으로 들어갔다.

컨테이너 안에는 싱크대가 하나, 철제 침대가 두 개 놓여 있었다. 언제 먹은 건지, 스프가 눌러붙은 접시가 바닥에 놓여 있었고, 한눈에 봐도 돌보는 사람이 없는 집이었다. 카를로스는 에드나의 머리에 젖은 수건을 올려놓고 지켜보고 있었다.

"아직도 열이 나."

물수건을 뒤집으며 카를로스가 말했다.

"곧 나을 거야."

그렇게 말한 프레드는 염소젖을 끓였고, 끓인 염소젖을 식혔다.

"에드나, 오빠가 우유 사 왔어."

에드나는 살짝 눈을 떴다 다시 감았다. 프레드가 에드나를 일으켜 안았고, 나는 에드나에게 숟가락으로 염소젖을 떠 먹였다. 에드나는 염소젖을 밀어내며 칭얼거렸다.

"아무래도 병원에 가 봐야 할 것 같아."

에드나의 몸이 불덩어리였다. 에드나의 고개가 뒤로 훅 떨어졌다. 미국에 와서 병원은 처음인데다 어찌해야 할지 좀 난처했지만, 일단 근처 병원을 향해 차를 몰았다.

다행히도, 열이 높은 거 말고 다른 이상은 없었다. 에드나는 이제 겨우 세 살이었다. 병원에서 주사를 맞고, 약국에서 약을 받아 집으로 돌아오니 카를로스가 컨테이너 앞에 나와 기다리고 있었다.

에드나는 프레드 옆에 껌딱지처럼 붙어 떨어지지 않았고, 멀뚱히 나를 바라보았다. 프레드의 부모가 어디에 있는지 궁금해 미칠 지경이었다. 쏟아져 나오려는 말들을 입 안에서 꾹꾹 누른 채, 나는 씽크대에 쌓여 있던 식기를 닦기 시작했다.

"고맙습니다."

프레드는 망고 몇 개가 담겨 있는 비닐봉지를 내게 건네며 정중하게 인사했다. 집으로 돌아와서도 아이들 생각이 떠나질 않았다. 어린 에드나가 아무것도 먹지 못하고 있었던 게 더 마음에 걸렸다.

나는 브로콜리에 쌀을 조금 넣어 스프를 만들고, 이것저것 먹을 것을 차에 실은 뒤 컨테이너 집으로 향했다. 프레드가 에드나에게 망고를 먹이는 참이었다. 다시 돌아온 나를 보고 다들 놀라는 눈치였다.

에드나에게는 스프를 먹이고, 프레드와 카를로스에게는 전날 집에서 먹고 남은 라자냐를 건넸다. 프레드와 카를로스는 서로 바라보며 방긋방긋 웃었다. 아이들이 웃는 걸 보니 마음이 좀 놓였다. 그런데 에드나는 브로콜리 스프를 먹으려 하지 않았다.

"이걸 먹어야 엄마를 만날 수 있어!"

프레드가 말했다. 곧 오실 것이라던 아빠는 며칠째 나타나지 않았고, 돈이 없었던 아이들은 채소라도 팔아야 했던 것 같았다. 여동생이 열이 나도 병원은커녕 약국에도 갈 수 없는 처지라는 걸 누구라도 알 수 있었다.

나는 프레드 이야기를 경찰에 해야 하나 말아야 하나 고민했다. 그 다음 날도 프레드는 길가에 물건을 놓고 앉아 있었는데 채소는 여전히 흐물흐물했다.

"채소에 물을 뿌려 두었어요. 좀 살아날 것 같아서요."

프레드가 말했다. 물을 뿌린 채소는 살아나기는커녕 썩고 있었다.

"에드나는 좀 어때?"

프레드가 손가락으로 컨테이너 옆 숲에서 엉뚱이와 놀고 있는 에드나를 가리켰다. 추위를 이기느라 겨우 내내 엉뚱이와 같이 잔 에드나는 염소가 둘도 없는 친구라고 했다.

"에드나는 종일 엉뚱이랑 노는 거야? 네가 학교에 다녀올 동안?"

학교라는 말에 프레드는 딴청을 부렸다.

"학교에 안 가는 거니? 에드나 때문에? 부모님은?"

프레드는 학교에 다니지 않는다고 했다. 아버지가 학교에 보내 준다고 했지만, 삼 년째 기다리고만 있는 중이었다.

삼 년 전까지만 해도 프레드는 할머니와 함께 멕시코에 살았다고 했다. 작은 공장에 다니며 열심히 일해도 사는 게 힘들어지자, 프레드 부모는 미국에 올 준비를 했다. 이야기를 좀 더 들어야겠기에, 나는 프레드에게 말했다.

"프레드, 파스타 만들어 줄까? 토마토는 더 이상 살 사람이 없을 것 같은데?"

준비해 간 파스타 재료를 꺼내 보이자 프레드가 좀 놀라며 웃었다. 바람이 불고, 비가 내리기 시작했다. 프레드는 펄쳐 두었던 채소와 과일을 상자에 담아 컨테이너에 들여놓았다. 나는 서둘러 파스타 면을 삶기 위해 물을 가스 불에 올려놓았고 토마토를 삶아 으깼다. 양파를 채 썰어 새우를 듬뿍 넣어 볶아 면 위에 올리고, 파마잔 치즈를 뿌린 뒤 바질 잎을 올려 주었다. 아이들이 얼마나 기뻐했는지! 프레드는 고향에서 먹었던 새우 생각이 난다고 했다. 에드나와 카를로스도 좋아했다.

파스타를 배불리 먹고 후식으로 망고까지 먹고 난 에드나는 낮에 엉뚱이와 노느라 피곤했는지 눈을 자꾸 비비작거렸다. 프레드가 에드나를 씻기는 동안, 나는 설거지를 했다.

그런데 에드나를 데리고 화장실에 들어간 프레드가 에드

나를 마구 혼내는 거다. 에드나가 서럽게 울기 시작했다.

"도대체 팬티를 왜 벗은 거야?"

프레드가 소리쳤고, 에드나는 울면서 변기를 가리켰다. 에드나가 팬티에 오줌을 쌌거나 똥을 쌌는데 혼날까 봐 팬티를 변기에 넣은 모양이었다. 변기가 막힌 이유였다.

프레드는 에드나를 씻기고 고무장갑을 끼더니 변기 속에서 에드나 팬티를 꺼냈다. 그제야 막혔던 변기가 뚫렸다.

프레드는 빨래를 돌리려고 세제를 찾았다. 없는 것이 있는 것보다 더 많은 집이라 세제는 보이지 않았다. 결국 프레드는 세제를 넣지 않고 세탁기를 그냥 돌렸다. 샤워를 마친 에드나는 수건을 뒤집어쓰고 꾸벅꾸벅 졸기 시작했고, 카를로스는 벽에 기대어 공책에 무언가를 쓰고 있었다.

망고의 아침

우리는 아침으로 망고를 세 개 먹었다.
아침 햇살 같은 노란 망고.
망고도 웃었고, 우리는 더 많이 웃었다.

시가 너무 예쁘고 슬퍼 가슴이 먹먹했다. 아침으로 망고를 하나씩 먹고 쓴 시 같았다.

“형은 시인이 되고 싶대요. 시를 많이 써 놓았어요. 형이 쓴 시는 다 좋아요. 이 다음에 책 만드는 사람이 되면 형의 시집을 꼭 만들어 줄 거예요.”

침대 옆에 기대어 졸고 있는 에드나를 침대에 눕히며 프레드가 말했다.

바람이 드셌다. 아무래도 태풍이 올 것 같았다. 집에 어떻게 갈까 무서워 서성거리고 있는데, 프레드가 물었다.

“아줌마, 이민자예요?”

“아니야. 몇 년 있다 내 나라로 돌아가야 해. 내 고향은 한국이야. 넌, 이민자니?”

프레드가 고개를 저었다.

“부모님이 할머니에게 미국으로 가자고 했을 때, 할머니는 고향에 남겠다고 했어요. 고향에서 죽을 거라고 하셨죠. 형을 데리고 고향에 남겠다며 우리더러 가서 잘 살라고 했어요. 그런데 나는 할머니, 형과 떨어지기 싫었어요. 가지 않겠다고 했고요. 부모님은 나만 데리고 가겠다고 했죠. 어떻게 형을 떼어 놓고 갈 생각을 했을까요? 형은 걸을 수가 없어 데려갈 수가 없다는 거예요. 나는 형 없이는 가지 않겠다고 했어요. 결국 형도 같이 가기로 했죠.”

프레드는 벽에 기대어 고개를 푹 숙인 채 앉아 있는 카를로스의 곁으로 가 손을 만지작거렸다. 바람은 앙칼진 쇳소리를 내며 창문을 할퀴었고 뜰 앞 개암나무를 후려쳤다.

⋮

아빠는 미국에 밀입국하려면 정신을 바짝 차려야 한다고 했다. 많은 멕시코인들이 밀입국하다 죽거나 잡힌다는 것이다. 국경을 넘는 데는 돈도 필요했다. 아빠는 오랫동안 돈을 모았는데 드디어 때가 되었다고 했다. 아빠는 형을 업고, 엄마와 나는 가방 한 개씩을 등에 메었다. 우리는 밤에 집을 나왔다. 할머니를 두고서 말이다. 할머니는 눈물이 나서 볼 수가 없다며 집에서 나오지 않으셨다.

밖에 기다리고 있던 봉고차를 타고 우리는 어딘가에 도착했다. 아빠는 우리를 데려다 준 남자에게 돈을 건넸고, 그 남자는 우리에게 꼭 성공하라고 말한 뒤 떠났다. 우리 가족 말고도 조금 뚱뚱한 젊은 부부가 있었고, 어린 여자 아이를 데리고 나온 부부가 있었다. '코요테'라고 불리는 젊은 남자 한 명이 우리를 안내하러 왔다. 그 남자가 말했다. 국경 수비대에 들키면 모두 죽는다고. 숨소리도 내지 말라며 주의를 주었다. 모두 고개만 끄덕였다. '코요테'는 우리에게 물 1.5리터짜리

한 통을 주었고 아빠에게 지도를 건넸다.

안내자 코요테가 앞장서 빠르게 걸었다. 어린 아기를 업은 부부 뒤로 젊은 부부가 따랐고, 엄마와 나, 아빠는 형을 업고 자꾸 뒤로 처졌다. 코요테가 뒤처진 아빠를 향해 빨리 따라오라고 채근했다. 나는 아빠를 대신해 형을 업을 수 없는 나의 작은 체구를 원망했다. 형은 매미처럼 아빠 등에 달라붙어 꼼짝하지 않았다. 나는 아빠 곁에 붙어 마음속으로 아빠를 응원했다.

사십 분쯤 걸어가자 낮은 언덕이 나왔다. 코요테는 우리에게 낮게 엎드려 있으라고 했다. 그는 지도를 보고 덤불을 여기저기 뒤지며 무언가를 찾았다. 잠시 후 그의 신호에 젊은 아저씨가 아빠를 대신해 형을 업었다. 아빠가 너무 지쳐 있었기 때문이었다. 모두 고양이 걸음으로 빠르게 갔다. 코요테가 가리키는 곳에는 사람이 겨우 기어 들어갈 수 있는 구멍이 있었는데, 그곳이 국경을 빠져나가는 길이었다. 그곳을 잘 빠져나가야 미국에 갈 수 있다며 코요테는 작은 소리로 단단히 주의를 주었다. 그리고 국경 수비대가 오기 전 떠나야 한다며 서둘렀다. 우리를 그곳까지 데려다 주는 게 코요테가 하는 일이었다. 그는 아빠에게 준 지도를 펼친 뒤 터널을 빠져나가 걸어야 할 길을 가르쳐 주었다. 그곳은 온통 사막이었다. 코요

테는 나침반을 건네주고 서둘러 돌아갔다.

아빠는 형을 마대 위에 누이고 묶은 뒤, 줄을 매달았다. 꽁꽁 묶인 채 누워 있는 형을 보니 자꾸 눈물이 났다. 이렇게까지 하면서 남의 나라에 가려고 하는 아빠와 엄마를 이해할 수 없었다.

터널 안은 아주 좁았다. 키 작은 나도 일어설 수 없을 정도였다. 허리를 완전히 꺾고 걷거나, 네발짐승처럼 무릎으로 기어야만 겨우 갈 수 있었다. 모두 두더지들 같았다. 몸이 뚱뚱한 아저씨가 터널에 끼일 것 같아 걱정이 됐다.

아저씨는 밧줄에 묶인 형을 허리에 매어 끌겠다고 말했다. 엄마는 형 얼굴 위에 보자기 한 장을 씌워 주었다. 형 얼굴에 흙이 떨어질까 봐 그런 거였다. 형을 끌고 가는 아저씨에게 도움이 될까 싶어 나는 형 다리를 잡고 위로 밀었다. 아저씨는 형을 끌고 가며 끙끙 앓았다. 혼자 기어가기도 힘든 길이었으니까 당연했다. 아저씨는 이번 기회에 10킬로그램 정도는 확실히 뺄 거라며 농담을 했다. 아빠는 그런 아저씨에게 미안하고 고맙다고 몇 번이나 말했다.

얼마를 갔을까? 두 시간은 넘게 왔을 것이라고 생각했는데, 아빠는 겨우 삼십 분 지났다고 말했다. 앞으로 한 시간은 더 넘게 가야 한다니! 되돌아 나오고 싶었다. 게다가 지독한 방귀 냄새 때문에 기절하기 직전이었다. 뚱보 아저씨가 미안하다고 말했다. 그렇게 지독한 방귀 냄새는 태어나 처음이었다. 덕분에 모두 웃었지만 좁은 터널 안에서 냄새는 사라지지 않았고, 계속 우리를 따라왔다.

냉기를 느끼며 땅굴을 빠져나왔을 때는 새벽 두 시경이었다. 무려 세 시간을 땅 속에 있었다. 먼저 빠져나온 일행이 풀숲에 엎드려 우리를 기다리고 있었다.

터널을 빠져나와 보니 무릎이 다 까져 엄청 쓰리고 아팠다. 우리는 숨을 죽이며 또 걸었다. 형을 업고 걷던 아빠는 절룩거리며 걸어가는 내 뒤에서 말했다.

"프레드, 어떤 사람들은 하수구 맨홀 뚜껑을 여는 순간, 경찰에 잡혀갔단다. 얼마나 억울하겠어. 우리는 아주 운이 좋은 거야."

글쎄, 운이 있는 건지 없는 건지는 끝까지 가 봐야 아는 거였다.

터널을 빠져나와 나침반에 의지해 두 시간쯤 걸었을 때, 엄청난 불을 밝힌 차 한 대가 소리 없이 다가왔다. 아빠가 낮게 소리쳤다.

"엎드려!"

모두 바닥에 납작 엎드렸다. 국경 수비대가 순찰을 도는 거였다. 우리는 숨을 멈춘 채 순찰차가 지나가기를 기다렸다. 그때, 갑자기 어린아이가 찡얼거리기 시작했다. 사탕을 물려도 소용없었다. 나는 두 눈을 꼭 감고 기도했다. 나는 미국에 가고 싶지 않지만 그래도 부모님의 소원이니 꼭 들어 달라고. 잡혀 가지 않게 해 달라고.

눈을 뜨고 나니, 국경 수비대 불빛이 점점 멀어지고 있었다. 모두 꼼짝하지 않았다. 그런데 갑자기 아이 엄마가 흐느끼기 시작했다. 아이 입에서 작은 수건 한 장을 꺼내면서 말이다. 칭얼거리는 아이 입에 수건을 쑤셔 넣었던 거다. 세상에…….

어렵게 거기까지 온 다른 사람들의 꿈을 뺏고 싶지 않아서 그랬다고는 해도, 마음이 너무 아팠다. 꼭 우리 에드나만 한 아이였다. 그때 에드나가 있었다면 엄마, 아빠도 그렇게 했을까?

아빠와 뚱보 아저씨가 돌멩이로 작은 구덩이를 팠고, 그곳에 아이를 묻었다. 아이 부모는 그곳에 엎드려 한참을 흐느꼈다.

"날이 새기 전에 서둘러야 해요."

아이를 잃고 우는 부부를 두고 재촉하는 아빠가 미웠다. 부부는 아이 무덤에 누런 보자기 한 장을 덮어 주었다. 모두 소리 내지 않고 울었다. 아이 때문에 미국에 가는 것이라고 했던 부부가 아이를 잃고 미국에 가게 되었다. 그게 정말 자식을 위한 거였을까?

아이를 묻고 세 시간가량을 또 걸었다. 날이 새기 전까지 국경 수비대의 감시에서 벗어나야만 했다. 사막에는 전갈과 독이 있는 뱀들이 있어 조심해야 했다. 아빠는 전갈과 뱀이 싫어한다는 약을 헝겊에 싸서 발목에 묶어 주었다. 아빠가 나침반을 꺼내 달빛에 비추었다. 우리는 서쪽으로 걸었다. 땅굴에 도착하기 전까지 반나절을 걸었고 땅굴을 세 시간 넘게 빠져나왔지만 또 걸어야만 했다. 살이 타는 것처럼 뜨거운 찜통 열을 견디며 걸었던 낮과는 반대로 밤에는 추워서 벌벌 떨었다. 영하 가까이 온도가 내려가 오들오들 떨렸다. 사막 기후는 참 희한했다. 이가 바득바득 떨렸지만, 소리를 듣고 밀입국자들을 잡아 낸다는 순찰견에 들키지 않으려면 소리를 내면 안 됐다. 우리는 뛸 때도 소리 없이 뛰었다.

형을 등에 업은 아빠가 자꾸 뒤로 처졌다. 형을 교대로 업을 수 없어서 나는 미안했다. 아저씨가 형을 받아 업고 잰걸음으로 걸었다. 까진 무릎과 팔꿈치가 움직일 때마다 찌릿찌릿 아픔이 왔다. 빠른 걸음으로 걸을수록 추위는 덜했지만 걸음이 자꾸만 뒤처졌다.

아저씨와 아빠가 형을 교대로 업는 동안, 나는 발바닥이 찢어지는 통증을 느꼈다. 내가 평발이라는 것을 그때 알았다. 통증 때문에 걷다가 몇 번이고 발바닥을 들여다보았다. 겪어

보지 않은 사람은 아무리 말해도 이해할 수 없을 것이다.

그렇게 이틀을 걸어 절뚝거리며 도착한 곳이 샌디에이고다. 우리 가족은 그렇게 밀입국에 성공했다.

우리가 도착한 곳은 샌디에이고의 한 레몬 농장이었다. 우리는 농장 창고에 숨어들었다. 박스가 쌓여 있었고 농기구가 있었다. 너무 지쳐 모두 창고 바닥에 누워 버렸다. 그리고 모두 잠이 들었는데, 무슨 소리인가에 눈을 떠 보니 창고 문이 활짝 열려 있었다. 어른들 모두 무릎을 꿇고 머리가 땅에 닿을 듯 숙이고 있었다. 나이 든 백인 남자가 무어라고 말했는데, 알아들을 수가 없었다. 아빠는 그 남자 앞에서 손을 모은 채 도와달라며 사정을 했다. 결국 남자는 우리를 창고에 두고 먹을 걸 가져다주었고, 우리는 레몬 농장에서 일하게 되었다.

농장은 엄청 컸다. 농장주는 우리에게 매일 따야 할 레몬의 양을 정해 주었는데, 날이 어두워질 때까지 따도 다 딸 수 없을 정도의 양이었다. 늦은 밤까지 플래시를 들고 따야만 했다. 아빠는 도저히 다 딸 수 없다고 말했고, 농장주는 신고하겠다고 협박했다. 우리는 꼼짝 없이 농장 주인에게 잡힌 거였다. 가져다주는 식사도 형편없었고, 곧 숙소를 마련해 주겠다던 주인은 어느새 창고도 감지덕지 아닌가, 하는 표정이었다. 내 하루 일당은 5달러였다. 형을 뺀 모두가 종일 레몬을 땄다. 거의 한 달이 다 되었을 무렵, 아빠는 농장을 빠져나가야겠다고 했다. 농장에 들어오는 트럭 운전사에게 부탁했다고. 그 트럭 운전사는 십 년 전에 미국에 들어온 폴란드 사람이라고 했다. 그 트럭 운전사 덕분에 우리는 그곳에서 무사히 빠져나올 수 있었다.

아빠의 목적지는 아빠 친구가 사는 낙스빌이었다. 마음씨 착한 운전수는 농장을 한참 빠져나와 뚱보 아저씨네와 젊은 부부를 내려 주었다. 그들 가족은 그곳에 남기로 했고, 우리는 낙스빌로 향했다. 운전석 뒤 좁은 의자에 형이 눕고, 아빠와 엄마, 나는 운전석 옆에 끼여 앉았다. 아저씨는 시카고까지 가는데 말동무가 생겨 좋다며 더없이 기뻐했다.

여섯 날을 아저씨의 이민 이야기를 들으며 시카고에 도착했다. 시카고 휴게소에 들어오는 낙스빌행 컨테이너 차량을 찾아낸 아저씨의 부탁으로 차를 얻어탈 수 있었고, 우리는 드디어 테네시 낙스빌에 도착했다. 우리를 낙스빌에 데려다준 트럭 운전사는 아빠보다 젊었는데, 스리랑카에서 온 이민자였다. 휴게소에 들르면 먹을 것도 사 주고, 이야기도 많이 들려주었다. 폴란드 아저씨나 스리랑카 아저씨처럼 대가 없이 남을 돕는 사람도 있다는 걸 그때 알았다.

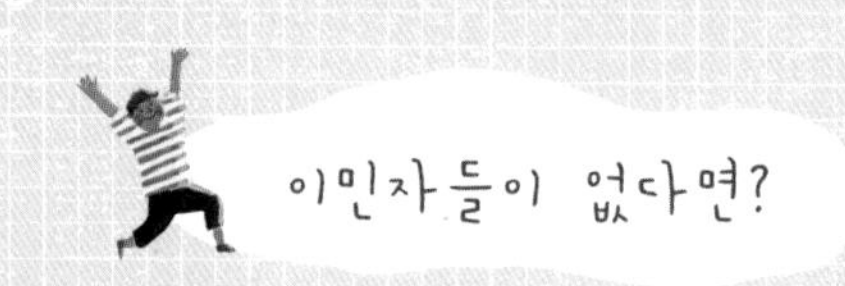

현재 미국 지하경제의 30퍼센트 이상을 멕시코 이민자나 불법 체류자들이 감당하고 있다고 한다. 축사나 농장, 청소나 잔디 깎는 일, 건설 공사 현장 등 궂은일을 많이 한다.

내가 살던 집 뜰 잔디도 멕시코인들이 매주 와서 깎아 주었다. 그들이 아니면 미국 경제가 흔들릴 정도로 미국에는 멕시코 이민자들이 많다.

합법적인 이민은 쉽지 않다. 불법으로 들어와 숨어 일을 하며 달러를 벌어 고향에 보내거나 가족의 생계를 꾸려 간다. 미국은 고등학교까지는 무상 교육이 이뤄지고 복지 시스템도 멕시코보다 잘 되어 있어, 자녀들에게 그 혜택을 주려고 이민을 선택하는 사람들도 많다. 특별한 전문성 없이 경제적 어려움 때문에 이민을 결정한 이민자들은, 낮은 임금을 받고 험한 일을 한다. 미국의 토마토, 오렌지 등 거대 농장에서 생산되는 농산물 수확은 대부분 불법 체류자의 노동력에 의지한다. 낮은 임금을 받고 토마토와 오렌지를 따겠다는 백인 노동자가 없기 때문이다.

아빠 친구는 우리가 낙스빌에 도착한 지 삼십 분도 채 안 되어 봉고차를 몰고 나타났고, 아빠와 부둥켜안고 떨어질 줄 몰랐다.

나는 아빠 친구를 "삼촌"이라 불렀다. 삼촌은 칠 년 전에 밀입국했고, 운이 좋아 지금은 영주권까지 갖게 되었다. 삼촌 집은 작은 아파트였는데 방이 두 개였다. 고등학교에 다니는 아들이 한 명 있었는데, 삼촌은 아들 방을 우리 식구에게 내주었다. 그 형은 부모님과 같은 방을 쓰겠다고 했다. 그 형과 나, 카를로스 형은 거의 작은 거실에서 지냈다. 그 형은 우리에게 영어도 가르쳐 주었고, 가끔 집 밖 구경도 시켜 주었다. 우리 때문에 다 큰 아들과 한 방을 쓰게 된 삼촌 부부에게 무척이나 미안했다. 엄마도 하루빨리 독립하고 싶어했다.

삼촌은 중고 물건을 사다가 파는 허름한 가게를 운영하고 있었다. 아빠는 삼촌 일을 도왔다. 고장 난 물건을 이리저리 뜯어 고치고 맞추어 완성품으로 만드는 게 아빠의 일이었다. 엄마는 헌옷을 수선하고 다리미질해 산뜻한 옷으로 바꾸었다. 삼촌은 우리 덕분에 예전보다 가게 물건 질이 좋아졌다며 좋아했다.

형과 나는 매일 텔레비전을 보며 지냈는데, 엄마는 텔레비전이 곧 폭발할 거라고 늘 말했다. 딱히 할 일이 없어서라는 걸 알면서도 엄마는 그 말을 반복했다.

엄마는 불만이 가득했고, 아빠와 자주 싸웠다. 그 속에서 동생 에드나가 태어났다. 동생이 생겨 기쁘기도 했지만, 남의 집에 살면서 식구가 한 명 늘게 되니 민망하기도 했다. 그러던 어느 날, 드디어 우리는 살 집을 마련했다. 모두 뛸 듯이 기뻐했다.

삼촌 가게 단골손님이었던 화가가 화실로 쓰던 집이었다. 나이가 들어 더 이상 그림을 그릴 수 없게 된 화가에게 화실을 싸게 샀는데, 그게 바로 지금의 컨테이너 집이다.

두 개의 컨테이너를 붙여 한쪽에는 거실과 주방, 화장실을 두고, 한 칸은 침실로 썼다. 뜰에는 키가 크고 몸통이 굵은 개암나무가 무성한 잎을 달고 있어, 여름에는 시원한 그늘을 만들어 주었다. 아빠는 개암나무 굵은 가지에 타이어를 매달아 그네를 만들어 주었다.

우리 가족이 미국에서 처음으로 가져 본 집이었다. 아빠는 트럭을 몰고 중고 물건을 사러 다녔다. 거라지 세일을 한다는 집을 찾아다니며 물건을 흥정했다. 나도 가끔 아빠를 따라갔다. 자금이 넉넉하지 않아 마음껏 살 수 없었다. 사고 싶었던 물건을 내려놓으며 아빠는 늘 이렇게 말했다.

"첫 술에 배부를 순 없지. 프레드, 다음에 더 많이 사도록 하자."

그때 아빠가 작은 키보드를 사 주셨다. 건반 하나가 고장이나 싸게 샀는데, 언젠가 진짜 피아노를 사 주겠다는 약속을 나는 믿었다.

다리 하나가 살짝 기운 키보드가 지금도 거실 한쪽에 놓여 있다. 내가 멕시코 민요 '라쿠카라차'를 치면 형 카를로스가 "라쿠카라차 라쿠카라차!" 노래를 불렀다.

그러다 아빠가 잠깐 집을 비워야 한다고 했다. 잡히면 안 된다고, 잠깐만이라고 했는데 여태 연락이 없다. 아빠가 주고 간 돈도 떨어지고, 팔다 남은 채소와 과일이 전부인 이 상태로 버티고 있다.

엄마가 집을 나간 건 그보다 더 오래다. 에드나를 낳고 얼마 안 됐을 때다. 엄마가 집을 나가고부터 아빠는 중고 물건을 사러 다니지도 않고, 삼촌 가게에도 가지 않았다. 대신 채소와 과일을 트럭에 싣고, 마을을 돌아다니며 팔았다. 돈이 모이면 학교에도 보내 주고 번듯한 집도 사겠다면서.

우리 가족이 왜 이렇게 되었는지 모르겠다. 아빠도 이렇게 살려고 미국에 오지는 않았을 텐데. 고향에 있었다면 가난했지만, 이렇게 슬프지는 않았을 거다. 아빠는 차츰 형편이 나아질 거라고 말했지만 형편은 나아지지 않았다.

여름에 에어컨이 들어오지 않는 컨테이너 안은 찜통이었고, 겨울엔 너무 추웠다. 염소를 끌고 들어와 에드나 옆에 둔 것도 그래서다.

에드나가 없었다면 더 슬펐겠지만, 그래도 엄마가 어린 에드나를 두고 나간 건 이해하기 힘들다.

엄마와 아빠가 엄청 크게 싸운 날 저녁, 나는 우리 가족을 모두 멕시코로 돌아가게 해 달라고, 옛날처럼 살게 해 달라고 기도했다. 그런데 다음 날 아침 일어나 보니 엄마는 집에 없었다. 그리고 돌아오지 않았다. 그때부터 아빠가 물건을 팔러 나가면 나는 에드나와 형까지 돌봐야 했다.

⋮

프레드의 긴 이야기가 끝나자, 카를로스는 프레드에게 미안해 죽겠다는 표정으로 어쩔 줄 몰라 했다.

"형, 미안해하지 마. 형이 없었다면 더 힘들었을 거야."

프레드는 카를로스를 끌어안고, 간지럼을 태웠다. 카를로스가 몸을 비틀며 큭큭거렸다. 카를로스도 프레드의 옆구리를 간질이기 시작했다. 모처럼 웃는 형제를 보니 나도 마음이 좀 놓였다. 다행히 바람이 좀 잔잔해지고 있었다.

"프레드, 이제 집에 가 봐야겠어. 혹시 이번 주말에 계획 있니?"

프레드와 함께 체로키 인디언 마을에 가고 싶어서였다. 아이들에게 바깥바람도 쏘여 주고 맛있는 음식도 먹이고 싶었다. 그런데 프레드는 망설였다.

"아빠가 오실지 몰라요."

"그런 거라면 전화번호를 적어 두면 돼!"

프레드네 집을 나와 차에 시동을 거는데 프레드가 자동차 문을 두드렸다. 손에 달걀 두 개가 들려 있었다.

"뒤뜰에 닭이 몇 마리 있어요. 오늘 낳은 거예요."

하마터면 울 뻔했다. 헤어지면서 나는 프레드의 손을 꼭 잡아 주었다.

낙스빌은 미국 중남부에 있다. 숲과 강이 많은, 작고 조용한 도시다. 그레이트 스모키마운틴 자락을 돌아 미시시피 강으로 흘러드는 테네시 강이 조용히 흐르는데, 나는 그 강이 참 좋았다. 우리 집에서는 그 강을 늘 볼 수 있었다. 봄에는 산이 눈에 덮힌 것처럼 벚꽃이 한 가득 피어 있었고, 가을에는 붉게 물든 단풍나무들이 아름다웠다. 그런 숲속에 프레드의 컨테이너가 있었다.

나는 아이들을 차에 싣고 게틀링 버그로 달렸다. 프레드도 카를로스도 창을 열고 바깥 공기를 들이키며 가끔 입을 벌리고 "아~" 소리를 내었다.

"형, 바람이라도 실컷 먹자."

프레드가 말했다. 프레드의 그 말 때문에 나는 목울대가 아팠다.

체로키 인디언 마을에 들어 우리는 도시락을 먹었다. 프레드는 김밥을 처음 본다고 했다.

"이건 김밥이라는 한국 음식이야. 소풍 갈 때 많이 가지고 가는데, 재료가 다양해 편식쟁이에게 딱이지. 이렇게 손으로 먹을 수도 있어."

아이들은 나를 따라 손으로 집어 먹기 시작했다. 프레드는 멕시코 음식 타코에 대해 얘기했다. 김밥을 먹으며 아이들은 멕시코 음식이 생각났던 모양이다.

"타코는 다양한 채소나 고기 등을 밀가루를 얇게 밀어 구운 또르띠야라는 것에 싸서 먹기도 해요. 김밥처럼 말이에요."

미국에 온 지 삼 년, 고향 음식 생각이 났을 것이다.

밥을 먹고는 인디언 마을 입구에 있는 방앗간까지 산책 겸

걸었다. 키가 작고 비쩍 마른 인디언 노인이 작은 몸으로 힘겹게 옥수수를 빻고 있었다. 표정 없이 방아를 찧고 있는 노인을 보고 있는데 인디언들의 전통 경기가 마을 중앙에서 펼쳐진다는 방송이 나왔다. 인디언 청년들이 동물 모형을 세워두고 활을 쏘고 있었다. 깃털을 꽂은 젊은이들이 엉켜 추는 '전사들의 춤'을 보았는데, 인디언들의 용맹함은 조금도 볼 수 없었다. 관람객들을 위해 어쩔 수 없이 추는 춤 같았다. 인디언 문화를 보호한다는 명분을 내세운 관광용 공연이니 그럴 수밖에.

옛날, 인디언들이 평화롭게 살고 있던 아메리카 대륙에 포르투칼, 스페인 등 여러 나라가 침략해 인디언을 죽이고 강제 이주시킨 역사는 널리 알려져 있다. 영국의 청교도들은 메이플라워호를 타고 바다를 건너와 원주민의 땅을 빼앗고 인디언들의 삶을 강제했다. 많은 인디언들이 땅을 뺏기고 죽거나 강제로 이주당하는 시련을 겪었다.

자신들의 땅에서 이방인 신세가 된 인디언들은 관광객을 위해 전통 춤이나 추는 신세가 되었다. 인디언들이 구경거리가 된 것 같아 우울했다. 땅도 뺏기고 언어도 뺏기고 정부에서 정해 준 구역에서 생활을 해야 하는 그네들의 운명이 안타까웠다. 프레드에게 미서부 일부가 과거에 멕시코 땅이었다는 말을 해 주니 깜짝 놀랐다.

인디언 추장이 말했다.

"인디언 아이들은 이제 더 이상 인디언 전통을 이어 가려고 하지 않아요. 미국인처럼 살고 싶어합니다."

그래서 인디언 고유의 정체성을 잃지 않으려는 인디언들은 고민이 많아졌다. 인디언들이 거주지를 떠나 미국 사회에 흡수되면 언젠가는 인디언에 관한 모든 것이 사라질 것이다.

프레드도 인디언의 삶을 보면서 여러 가지 생각을 한 것 같았다. 카를로스는 혼자 나무 그늘에 앉아 시를 쓰고 있었다.

새 가족이 나무 위에 집을 지었다.
새집이다.
나무에 똥을 싸는 새들.
나무에게 미안해서 짹짹 노래를 한다.
나무는 괜찮다고 휘휘 가지를 흔든다.
새는 노래하고 나무는 춤을 추고.
나도, 나무 위에 집 한 채 짓고 싶다.
새집 같은 새 집.

나는 카를로스가 시집을 내면 첫 번째 독자가 되겠다고 말했다. 카를로스는 여러 송이 수국이 한꺼번에 핀 것처럼 활짝 웃었다.

에드나는 지쳤는지 조금 칭얼댔다. 프레드의 등에 업히자마자 잠이 들었다. 서둘러 집을 향해 차를 몰았다. 그런데, 문에 꽂아 두었던 메모지가 보이지 않았다.

프레드는 아빠가 돌아와 찾으러 다니고 있을 거라며 안달했다. 에드나를 침대에 눕힌 뒤, 프레드는 바람에 날아가 뒤집힌 진열대를 끌어다 뒤뜰로 옮겨 놓았다. 그런데 돌아온 프레드의 손에 메모지가 들려 있었다. 바람에 날아갔던 모양이었다. 프레드는 몹시 실망한 것 같았다.

아이들을 두고 돌아온 그날 밤, 위력이 더 센 태풍이 온다는 속보가 텔레비전에서 계속되었다. 주민 대피령이 내려진 곳도 있었다. 비를 몰고 온 바람이 창문을 탁탁 칠 때마다 깜짝깜짝 놀라 잠을 잘 수가 없었다.

아침이 되자 나는 차를 몰아 프레드 집으로 향했다. 어젯밤 태풍에 아이들이 괜찮은지 염려가 되었다. 세상에! 지붕 위에 개암나무 굵은 가지가 부러져 컨테이너 한쪽이 찌그러져 있었다. 가지에 매달려 있던 타이어 그네가 썩은 도너츠처럼 매달려 흔들거렸고, 프레드는 양 다리에 머리를 푹 쑤셔 넣은 채 데크 계단에 앉아 있었다.

"프레드! 프레드!"

몇 번을 불렀지만 대답이 없었다. 나는 프레드의 어깨를 흔들었다. 그런데 꼼짝도 하지 않던 프레드가 소리 내 울기 시작했다. 몸에 있는 물을 모두 쏟아낼 것처럼 눈물과 콧물이 범벅이 되어 울었다. 프레드를 안고 있는 나도 자꾸 눈물이 나왔다. 눈물을 다 쏟아냈는지 한참을 울던 프레드는 옷소매로 눈물 콧물까지 닦고, 고개를 떨어뜨린 채 말했다.

"어젯밤 엄마가 에드나를 데려갔어요. 그리고……."

프레드는 말을 잇지 못했다.

"아빠가 멕시코로 쫓겨났대요."

프레드는 또다시 서럽게 울기 시작했다.

"프레드, 차근차근 얘기해 봐."

"인디언 마을에서 돌아와 모두 깊은 잠에 빠졌어요. 누군가 몸을 흔들어 눈을 떴는데, 엄마가 에드나를 담요에 싸안고 있었어요. 엄마는 내 입에 손가락 한 개를 갖다 대며 형이 깰지 모르니 조용히 하라고 했어요. 그리고 아빠가 멕시코로 추방되었다고 했죠. 엄마는, 곧 연락한다는 말만 하고 뒤도 돌아보지 않고 떠났어요. 비바람이 몰아치는데, 집 앞에 봉고차 한 대가 서 있었고요. 그런데 엄마에게 에드나를 받아 들고 차에 들어간 사람이 누구였는지 아세요? 바로 아빠 친구였던 삼촌이었어요. 엄마가 어떻게 그럴 수 있어요? 우리만 남겨 두고 어떻게 갈 수가 있어요? 어떻게, 에드나만 데리고 갈 수 있어요?"

프레드는 머리를 두 다리 사이에 묻고 한참을 꼼짝하지 않았다. 컨테이너 안에서는 카를로스가 울고 있었다. 바닥에는 물이 흥건했다. 개암나무가 부러지며 지붕 한쪽이 찌그러졌고, 벽을 타고 빗물이 흘러내렸다. 나는 프레드 형제를 그곳에 그냥 둘 수 없었다.

"프레드, 더 이상 이곳에서 살 수 없어. 지붕 한쪽이 내려앉아 비가 새. 당분간 우리 집에 가 있자. 당분간이야. 엄마가 너희를 데리러 오실 때까지만."

나는 집 주소와 전화번호를 적은 종이를 비닐 봉투에 넣은 뒤 큼지막한 돌멩이 두 개를 올려 바람에 날아가지 않게 해서 데크에 놓았다.

"이제 됐어. 비가 와도 젖지 않고 바람이 불어도 날아가지 않을 거야. 엄마가 이걸 보고 너희를 찾으러 올 테고. 그러니 당장 가자. 입을 옷 몇 가지만 챙겨."

나는 서둘러 벽에 걸려 있는 옷 몇 가지를 챙긴 후 프레드를 불렀다. 말똥구리처럼 이불을 둘둘 말고 있는 카를로스의 이불을 벗기려 하자, 카를로스는 이불을 붙잡고 놓지 않았다. 그때 프레드가 말했다.

"태풍이 또 오면 어쩔 거야?"

프레드가 이불을 벗겨 내며 말했다, 당분간만이라고. 프레드가 카를로스에게 등을 내밀자 카를로스는 어쩔 수 없다는 듯 업혔고, 나는 비척거리는 프레드를 부축해 카를로스를 자동차에 태웠다.

에드나가 좋아했던 염소 엉뚱이도 데려가기로 했다. 염소는 당황했는지 작은 뿔을 차장에 문질러 대며 매애애 매애애 울었다.

집에 오자마자, 나는 염소 엉뚱이를 뜰에 풀어놓았고 프레드와 카를로스에게 일 층 손님방을 내주었다.

두 아이들이 들어오니 집이 꽉 찬 느낌이었다. 내 아이들도 프레드 형제를 반겨 주었다. 엉뚱이는 뜰에서 풀을 뜯어 먹기 시작했다.

낮에 내가 학교에 가고 나면 프레드는 컨테이너 집에 다녀오는 모양이었다. 닭을 보러 갔다고 했지만, 돌멩이 밑에 넣어 둔 쪽지를 확인하러 가는 것 같았다. 매일 달걀 두 세 개씩을 가져왔고, 내가 학교에서 좀 늦은 날이면 채소를 뜯어다 달걀과 밥을 볶아 놓기도 했다.

솜씨 좋은 셰프에다 잔디를 먹는 염소까지 생겼으니 나는 복이 터진 것이다. 프레드는 내가 좋아하는 타코까지 만들어 주었다. 토마토와 붉은 양파를 잘게 다져 할라페뇨를 살짝 곁들인 타코를 꽤 잘 만들었다.

프레드는 또 악기에 관심이 많았다. 거실에 놓여 있는 피아노에 관심이 많았고, 아들의 기타에도 관심을 기울였다. 나는 프레드에게 피아노를 쳐도 좋다고 말했다. 프레드는 멋쩍게 웃고는 망설임 없이 '라쿠카라차'를 치기 시작했고 고향에 계신 할머니를 생각하며 만들었다는 자작곡도 연주했다. 피아노에 재능이 있어 보였다. 나는 프레드에게 아들이 쓰던 피아노 교본을 모두 꺼내 주었다.

"건반을 누르면 물속에서 몸이 튕겨 오르는 것 같아요."

프레드는 낮 동안 컨테이너 집에 다녀오고, 피아노를 치고, 카를로스가 쓴 시에 곡을 붙이며 하루하루를 보냈다.

나는 프레드에게 피아노 레슨을 해 달라고 아들에게 부탁했다. 아들은 학교에서 밴드 활동을 열심히 하고 있었는데, 일주일에 한 번씩 프레드에게 레슨을 해 주겠다고 약속한 뒤, 독하게 연습을 시켰다.

프레드는 여전히 엄마를 기다렸지만, 레슨 때문인지 마음이 좀 여유로워 보였다. 아들은 프레드에게 피아노를 집중해 가르쳤고, 기타에 맞추어 함께 연주하곤 했다. 보는 것만으로도 흐뭇했다. 부모를 기다리는 프레드와 카를로스의 마음이 온전하지 않다 해도 함께 있는 동안은 편안한 마음으로 있어 주길 진심으로 바랐다.

나는 날마다 생음악을 듣는 호사를 누리며 연일 멕시칸 요리책을 펴 놓고 요리를 했고. 닭가슴살과 연어를 이용해 또르띠야를 질리도록 만들어 먹었다. 프레드는 아보카도와 할라페뇨를 잘게 다져 식초와 설탕 마요네즈를 섞은 뒤, 옥수수칩을 찍어 먹는 걸 좋아했다. 유쾌한 날들이었다.

나는 프레드와 카를로스가 계속 그렇게 살아 주길 바랐다. 무엇엔가 마음을 두고 유쾌하게 살아 준다면 얼마나 좋을까, 하면서 말이다.

프레드는 또 아들이 구해 준 중학 영어, 수학책으로 공부를 시작했다. 나에게 미국 시민권이 있었다면 프레드 형제를 입양하려 들었을지도 모르겠다.

프레드는 멕시코에 돌아가고 싶다고 했다. 그곳에 아빠가 있었으니까. 곧 엄마가 데리러 올지도 모르니 기다려 보자고 할 때마다 프레드의 표정은 냉랭했다. 그러던 어느 날, 프레드 엄마로부터 전화를 받았다. 컨테이너 집에 두고 온 내 전화번호를 보았다는 것이다. 나는 프레드와 카를로스는 우리 집에 잘 있으니 걱정 말라고 했다. 프레드 엄마는 당분간이라며 아이들을 잘 부탁한다고 했다. 프레드에게 엄마 얘기를 했지만 별 반응이 없었다. 그 후, 거의 한 달이 다 되어 가는데도 프레드 엄마는 오지 않았다. 프레드는 매일 컨테이너 집에 가서 달걀 두세 개씩을 가져왔다. 아빠를 기다리는 것 같았다.

"언젠가는 오실 거야. 느긋하게 기다려."

초조해하는 프레드에게 나는 늘 같은 말만 반복했다.

아빠를 기다리는 프레드를 생각하며 나는 아들에게 프레드를 밴드에 넣어 달라고 부탁했다. 프레드도 그러고 싶어하는 것 같았다. 아들이 프레드를 밴드의 임시 멤버로 받아 주겠다고 대답한 날, 프레드의 얼굴은 이 세상 모든 꽃이 한꺼번에 만개한 것처럼 환했다. 카를로스도 나도 프레드만큼 기뻐했다.

프레드는 임시 멤버였지만 책임을 주니 열심이었다. 낮에도 지하방에 들어가 오랜 시간 나오지 않았다. 프레드가 마음 붙일 곳이 생겨 참 다행이었다.

카를로스에게 내가 해 줄 수 있는 일은 종종 시집을 사다 주는 일뿐이었다. 카를로스는 종일 책을 붙들고 살았다. 주로 침대에 눕거나 벽에 기대앉아 시집을 읽고 글을 썼다.

크리스마스가 다가오자 아들과 나는 프레드와 카를로스에게 어떤 선물을 할까 고민했다. 생활비를 좀 줄여서라도 카를로스에게 휠체어를 사 주면 좋겠다고 말했다. 꼭 그러고 싶었다. 드디어 크리스마스!

휠체어를 받은 카를로스는 꺼억꺼억 울기 시작했다. 프레드도 울었고 함께 있던 모두 눈시울을 적셨다.

얼굴에 홍조를 띈 카를로스가 말했다.

"크리스마스 선물은 동화책에만 나오는 줄 알았어요."

카를로스는 휠체어에 앉아 자신이 지은 시 한 편을 낭송했고 휠체어를 타고 거실 이곳저곳을 마구 돌아다녔다. 이제 카를로스는 휠체어가 생겼으니 어디든 갈 수 있게 되었다며 자신에게 온 행운을 꼭 누군가에게 갚겠다고 했다. 크리스마스는 카를로스의 휠체어 때문에 더욱 즐거웠다.

크리스마스를 보내고 겨울방학이 시작되었다. 프레드는 여전히 컨테이너 집을 오갔고 아들이 내준 숙제를 하거나 피아노와 키보드를 치며 하루하루를 보냈다. 염소 엉뚱이가 사라져 찾아다니느라 한바탕 소동이 일기도 했지만, 비교적 평온한 날들이었다.

그날도 여느 날과 다름없는 날이었다. 현관 벨이 울렸다.

아들이 왔나 싶어 문을 열었는데, 글쎄, 에드나가 웬 부인과 서 있는 것이 아닌가. 프레드 엄마였다.

"에드나!"

프레드가 달려왔고 휠체어를 탄 카를로스도 그 뒤를 따랐다. 나뿐 아니라 프레드 형제도 놀라는 것 같았다.

"좀 더 일찍 왔어야 했는데……. 미안해."

그 말이 떨어지기 무섭게 프레드가 소리쳤다.

"엄마는 우리 생각, 하기나 했어? 어떻게 그럴 수 있어? 곧 온다고 했잖아? 곧, 곧이 지금이야? 우리가 엄마 자식 맞아? 이렇게 살 거면서 우릴 왜 데려왔어? 고향에 두지 왜 데려왔냐고?"

프레드는 쉬지 않고 엄마에게 퍼부었다. 카를로스는 휠체어를 창가에 세우고 바깥에만 눈을 두고 있었고, 에드나는 엉뚱이 곁에 붙어 있었다. 프레드는 열에 들뜬 얼굴로 마구 거친 말을 쏟아냈다. 그동안 꾹꾹 눌러 둔 말을 쏟아내는 것 같았다. 듣고만 있던 프레드 엄마가 입을 열었다.

"너희들은 이해할 수 없는 일들이 어른들에게는 있는 거야. 일단 집에 가서 얘기하자."

"우리 집이 어디 있어요? 컨테이너 보기나 했어요?"

프레드 엄마는 살 집이 있다고 했지만 프레드는 가지 않겠다며 열에 들떠 식식거렸다.

“아빠가 올 테니 기다릴 거야!”

“그 집에서는 살 수 없어. 아빠가 오신대도 연락처를 두었으니 걱정 말고 가자.”

프레드 엄마가 말했다. 프레드는 눈물을 옷소매로 쓰윽 문질러 닦더니 툴툴거리며 방으로 들어갔다. 카를로스는 에드나를 무릎에 앉히고 엉뚱이 얘기를 하고 있었고, 프레드 엄마는 내가 내준 생강차를 마시며 프레드 아빠가 다시 들어오긴 힘들 것 같다고 말했다.

프레드를 데려가 학교에 보내겠다니 참 잘된 일이었다. 나는 잠시 체류하는 외국인 신분이었으니, 프레드 형제에게 해줄 수 있는 게 더 이상 없었다. 부모가 자식을 돌보는 일만큼 좋은 일이 어디 있을까? 나는 프레드 엄마의 결정이 기뻤지만 한편 마음 한 켠이 서늘했다.

프레드가 가방 하나를 들고 나와 카를로스 무릎 위에 앉아 있던 에드나를 내려놓고 가방을 올려놓았다. 그리고 엉뚱이 목에 줄을 매 휠체어 손잡이에 걸고, 휠체어를 밀어 밖으로 나갔다. 그러자 봉고차에서 한 남자가 나와 카를로스를 안아 차에 태웠다. 프레드는 휠체어를 접어 차에 싣고 나를 향해 꾸벅, 목례를 하고 차에 올랐다.

프레드는 그렇게 갑자기 떠났다. 그동안 프레드 형제에게 더 잘해 주지 못했던 걸 후회하며, 나는 문 앞에 한참을 서 있었다. 삼 개월 넘게 함께 지냈으니 정이 많이 들었던 모양이었다. 순간 눈물이 왈칵 쏟아졌다.

석 달쯤 지나 아들의 밴드 공연이 있던 날, 프레드가 찾아왔다. 우리 집에서 그리 멀지 않은 웨스트벨리라는 공립중학교에 다니고 있다고 했다. 다행이었다.

그런데 프레드 얘기를 듣자니 그저 기뻐할 수만은 없는 상황이었다. 프레드는 "삼촌"이라 불렀던 아빠 친구와 함께 살고 있다고 했다. 프레드 엄마가 영주권을 받기 위해 그 삼촌과 위장 결혼을 했다는 것이다. 프레드 엄마가 집을 나간 뒤 그 삼촌과 살았고, 에드나를 데려간 거였다. 경찰이 수시로 찾아와 확인을 하니 삼촌과 함께 지내는 것이라고 말했단다.

삼촌 가족은 따로 살았다. 삼촌이 프레드 엄마에게 샌드위치 가게를 내주어 프레드는 학교가 끝나면 가게에 나와 엄마를 돕느라 전화도 못 했다며, 많이 미안해했다.

그렇게 말했던 프레드가 잘 지내는 줄 알았는데, 어느 날부터 연락이 끊어졌다. 다운타운에서 밴드 공연 날짜까지 잡아 놓은 상태였다. 밴드 친구들이 집에 찾아가고, 샌드위치 가게에도 찾아갔지만 프레드를 만나지 못했다. 프레드 엄마는 프레드가 컨테이너 집으로 갔을 것이라고 말했단다. 컨테이너 집으로 프레드를 찾으러 간 내 아들이 아빠와 컨테이너 집을 수리하고 있던 프레드를 만날 수 있었다.

프레드 아빠가 다시 밀입국을 한 것이었다. 아빠와 함께 컨테이너에서 살기로 한 프레드는 태풍에 망가진 지붕을 수리하는 중이었다. 엄마는 이미 아빠의 친구와 살고 있으니, 아빠는 프레드와 카를로스를 데리고 컨테이너 집으로 온 것이다.

다음 날 나는 프레드의 컨테이너 집을 향해 차를 몰았다. 프레드 아빠는 프레드에게 그동안의 얘기를 들었다며 고맙다는 말을 여러 번 했다.

"컨테이너 집은 안전하지 않아요. 당분간 우리 집 빈 방을 쓰시면 어때요?"

프레드 아빠는 다른 거처를 알아보겠다며 거절했다.

"살 곳이 정해질 때까지만 그렇게 해 주세요. 아이들을 위해서요."

오래 비워 둔 컨테이너 집은 아무리 수리를 한다고 해도 사람이 살기 힘들어 보였다. 나는 프레드 아빠를 설득하려고 서너 차례 찾아갔다. 프레드 엄마도 아이들을 데려가겠다고 다녀간 모양이었다. 아빠와 살겠다는 아이들의 의지는 대단했다.

결국 프레드 아빠는 당분간 신세를 지겠다며 내 부탁을 받아들였다. 일 층 손님방을 다시 내주고 보니 우리 집은 순식간에 대가족이 되었다. 프레드 아빠는 예전에 쓰던 트럭을 찾아와 채소와 과일을 싣고 다니며 팔기 시작했다. 나는 프레드 아빠에게 조심하라고 늘 주의를 주었고, 프레드 아빠는 들어올 때마다 채소며 과일을 들고 왔다. 집세와 생활비 대신 받아 달라며, 미안하다는 말을 입에 달고 살았다.

프레드는 공부를 아주 열심히 했다. 가끔은 학교에 다녀와 아버지와 트럭을 타고 장사를 나가기도 했고, 주말엔 여전히 형들과 밴드 연습을 했다.

그렇게 지내다 내가 한국으로 돌아오면서 프레드 가족과도 이별했다. 프레드 아빠가 추방과 밀입국을 반복하는 동안 프레드 형제는 용케 절망에 빠지지 않고 지내 주었다.

지금쯤 청년이 되었을 두 아이들의 오늘이 궁금하지만, 어디서든 잘 지내고 있으리라 나는 믿고 있다. 툭하면 집을 나갔던 엉뚱이도, 엉뚱이를 좋아했던 에드나도.

2장

정착해서도 흔들리는 보트피플의 삶

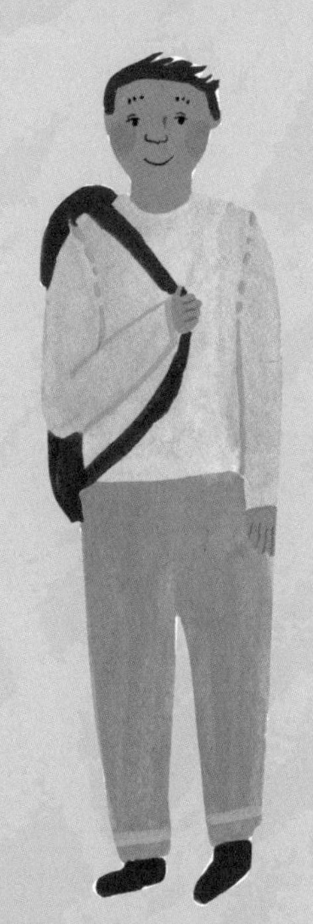

베트남 이민 2세
위 빈

어느 날 아들의 친구 '위 빈'이 집에 왔다. 위는 그전에도 우리 집에 종종 놀러 왔던 아이다. 아들과 같은 고등학교에 다녔는데, 아빠와 엄마가 베트남 왕족인 이민 2세였다. 아들의 밴드 멤버로, 드럼을 아주 잘 쳤다.

위의 나라 베트남은 원래 왕정국가였는데, 공산화되면서 왕정이 무너졌다. 왕족이었던 위의 아빠는 위험을 무릅쓰고 미국으로 건너왔다. 위의 부모만이 아니라 많은 베트남인들이 세계 여러 나라로 삶의 터전을 옮겼다. 작은 보트를 타고 조국을 떠났다. 조국을 떠난 많은 베트남인들이 그 과정에서 죽거나 난민이 되었다.

위의 아빠와 엄마는 미국으로 건너와 난민 신분으로 로스앤젤레스에 정착했다. 궂은일이라곤 해 본 적 없던 위의 엄마는 네일 샵에 들어가 종업원으로 기술을 배웠고, 낙스빌로 이사하면서 딜라즈 백화점 안에 네일 샵을 냈다. 매르빌이라는 필리핀계 종업원도 두었고, 미국에서 위와 두 동생도 낳았다.

위의 아버지는 미국에 와서 적응하는 데 그 누구보다 힘들어했다. 술에 의지해 하루하루 보내며 살았는데, 그런 아버지 때문에 가족들 또한 힘들어졌다. 위의 가족은 엄마가 버는 돈으로 작은 아파트에서 살았다. 아버지 때문에 집은 조용할 날이 없었다.

위에게는 쌍둥이 여동생이 있었는데, 우리 집에 올 때마다 위는 여동생 얘기를 하곤 했다.

"위령과 위안은 쌍둥이예요. 오 분 차이로 언니가 된 위령이 위안의 언니 노릇을 톡톡히 했죠. 위령은 똑똑했지만 성격이 급하고 분명한 걸 좋아하는 아이고, 위안은 온순하고 누구하고나 잘 어울리는 정이 많은 아이예요. 위령은 초등학교 고학년이 되면서 아버지를 몹시 싫어하게 됐어요."

어느 날 좀 늦은 저녁을 먹고 있는데 위가 찾아왔다. 무슨 일이 있는 것 같았다.

⋮

저녁으로 피자를 먹는 중이었다. 술에 취해 잠들었던 아빠가 깨어나 술을 찾았는데, 갑자기 위령이 먹던 피자를 내팽개치며 소리쳤다.

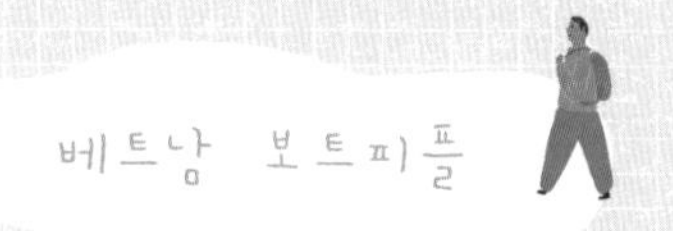

자유민주주의 체제인 남베트남과 사회주의 체제인 북베트남 사이에서 일어난 전쟁에서 북베트남이 승리했다. 남베트남 체제가 전복되자 많은 사람들이 베트남을 탈출했는데, 이때 보트를 이용해 국외로 탈출한 난민들을 가리켜 '보트피플'이라고 한다.

1975년 북베트남 통일 후 모든 생산수단이 국유화되고 경제 활동이 통제되었다. 남베트남의 부유층과 지식인, 종교인, 왕족 등은 탄압을 피해 베트남을 떠났다. 1973년과 1988년 사이 약 백만 명이 바닷길을 통해 탈출했다.

보트피플은 베트남뿐만 아니라 공산화된 라오스, 캄보디아에도 있었다. 주로 부유층, 중산층, 반공주의자들과 관리들이 보트피플, 혹은 랜드 피플이 되었다.

배를 타고 가까운 홍콩으로 가서 일본이나 호주, 프랑스, 독일, 미국, 캐나다로 떠나는 것이 일반적인 탈출로였지만, 보트 안에서 생계를 유지하며 떠돌다 해적을 만나 죽은 사람도 많다. 그 수만 50만 명에 달한다고 한다.

미국은 1972년 캘리포니아 주에 베트남 망명자들의 임시 수용소를 만들었다.

한국에도 부산에 베트남 난민 수용소가 있었다. 1985년 11월, 참치를 가득 싣고 남중국해를 지나던 참치잡이 어선 광명 87호는 베트남 난민 96명이 탄 배로부터 구호 요청을 받았다. 모른 체하라는 회사 지시를 어기고 전재용 선장은 그들을 구했고, 선원 25명이 열흘 먹을 식량을 나눠 먹으며 부산항에 무사히 도착했다. 부산의 난민수용소에서 1년 반을 지낸 난민들은 대부분 미국으로 건너갔고, 전재용 선장은 회사에서 해고당했다.

시리아 난민, 팔레스타인 난민, 미얀마의 로힝야족 난민 등 전쟁과 종교 탄압, 가난과 인권 유린 등 다양한 이유로 고국을 떠나 바다 위를 떠난 보트피플은 지금도 바다 위를 떠돌고 있다.(참조: 위키백과)

"아빠가 미국에서도 왕족이야? 왜 일도 안 하고 빈둥거려? 매일 술에 취해 자식들이나 괴롭히고! 부끄럽지도 않아? 그런 아빠는 필요 없어. 아빠 때문에 우리 집 꼴이 말이 아니라고!"

위령은 방문을 탕! 닫고 들어가 잠갔다. 아빠는 위안에게 술을 가져오라고 소리쳤고 위령의 방문을 마구 흔들어 댔다.

"나오지 못해? 이게 감히 대들어? 아무것도 아닌 것이 내가 누군 줄 알고 대들어? 어서 문 열지 못해?"

아빠는 손잡이를 마구 흔들며 고래고래 소리를 질렀다. 위령은 숨이 끊어질 것처럼 소리쳤다.

"아빠는 엄마 손이 어떤 줄이나 알아? 엄마 손 아픈 거 알고나 있냐고? 아빠가 없어졌으면 좋겠어!"

위령이 독한 말을 퍼부었다. 나는 좀 민망해 위령에게 소리쳤다.

"그만하지 못해? 아빠한테 그렇게 막말할 거야?"

입으로는 위령을 나무랐지만 사실, 내가 하고 싶었던 말을 위령이 대신하고 있는 거였다. 아빠는 공구함을 들고 와 망치로 문손잡이를 계속 내리쳤다. 마침내 손잡이가 댕강 떨어져 나갔다. 손잡이가 떨어져 나가 구멍이 뻥 뚫린 자리에 아빠는 눈을 대고 위령을 향해 이렇게 말했다.

"너 같은 자식은 사형감이야. 네가 내 자식이라고 해도 나를 모욕한 죄가 얼마나 무서운 줄 알아? 넌 이제 갇혔어. 밖으로 나올 수도 없다고!"

위령이 안에서 소리쳤다.

"아빠나 죽어! 더 이상 우리 괴롭히지 말고 나가 죽으라고!"

위령이 소리 내어 울기 시작했고, 위안은 방문 앞에 앉아 언니를 부르며 울었다.

순간 머리가 터져 펑 하고 하얀 재가 쏟아져 나올 것 같았다. 아빠는 슬그머니 현관문을 열고 밖으로 나갔다. 먹다 만 피자 조각을 치우면서, 나는 모든 것이 연기처럼 사라지기를 바랐다.

도대체 왕족이 뭐라고, 아빠는 왜 아직도 왕궁에서 빠져나오지 못하는 걸까?

아빠는 고향에 한 번만 보내 주면 달라지겠다고 엄마와 약속했다. 그래서 이 년 전, 엄마는 아빠가 고향에 다녀올 수 있게 해 주었지만 아빠는 변하지 않았고, 술에 더 의지했다. 엄마는 밤늦게 네일 샵 일을 끝내고 돌아와 아빠와 다투는 일이 잦아졌다.

아빠가 엄마의 머리채를 잡고 거실 바닥에 패대기를 치던 날, 경찰이 왔다. 위령이 신고를 한 거였다. 엄마는 헝클어진 머리를 말아 올리며 아무 일도 없다며 경찰을 돌려보냈다. 아빠는 술에 취해 몸도 제대로 가누지 못했고, 나는 그런 아빠를 끌어다 방에 가두었다. 치료를 받아야 한다고 엄마가 말할 때마다 아빠는 엄마에게 욕을 퍼붓곤 했다. 엄마가 아빠를 치료소에 넣어 두고 도망갈 거라면서. 그럴 때마다 엄마는 말했다.

"언제까지 뿌리 타령만 할 거예요? 어디서건 뿌리를 내리고 살면 되는 거예요. 우리의 왕국은 베트남이 아니고 지금 여기라고요! 과거는 과거일 뿐이에요. 제발 정신 좀 차려요. 그리고 가족 모두를 위해 치료소에 가 줘요. 가장이 되어 줘요."

매번 엄마의 부탁은 간절했지만, 아빠의 고집을 꺾을 수는 없었다.

⋮

담담하게 말하는 위의 마음도 정상은 아닐 것 같았다. 아빠에게 죽었으면 좋겠다고 소리치다 방에 갇혀 버린 동생, 딸에게 독한 말을 듣고 밖으로 나간 아빠, 스스로 아무것도 할 수 없는 자신에 대한 자괴감……. 언제까지 이렇게 살아야 할지 모르겠다며 한숨을 폭 내쉬는 위의 이야기를 나는 그저 들어주는 수밖에 없었다.

⋮

그날 밤 늦게 집에 돌아가니 가게 일을 마친 엄마가 나를 기다리고 있었다.

"아빠가 집을 나가 들어오지 않았는데, 친구 집에 놀러 갔다 오는 거니? 동생은 방에 저렇게 가둬 둘 셈이야? 수리공을 불러 문짝을 떼어 내서라도 애를 꺼내야지, 장남이라는 게 하는 일이 뭐니?"

나쁜 일이 생길 때마다 엄마는 장남을 들먹인다. 겨우 마음을 진정시키고 돌아갔는데, 엄마 때문에 기분이 말이 아니었다. 관리실에 전화를 하니 수리공이 사흘 동안 휴가란다. 엄마는 망치로 문을 서너 번 쾅쾅 치더니, 위렁에게 말했다.

"나오지 말고 그냥 살아! 아무리 엉망인 아빠지만 아빠는 아빠야!"

엄마는 병원 응급실마다 전화를 걸어 아빠 이름을 말했다. 아빠는 연락도 없이 돌아오지 않았다. 우리 가족은 매일 아빠 소식을 기다렸고, 엄마는 종종 술에 취해 네일 샵의 메르빌 누나 차에 실려 돌아왔다.

아파트 관리실 수리공이 돌아올 때까지 위령은 학교에 가지 못했고, 사흘 동안 방에 갇혀 있었다. 쌍둥이 동생 위안이 떨어져 나간 손잡이 구멍으로 음식이 담긴 비닐주머니를 넣어 주었다.

"언니, 조금만 참아. 곧 수리공이 올 거야."

엄마는 왜 다른 방법을 찾지 않고 수리공이 돌아오기만을 기다렸을까? 아무리 생각해도 이해가 안 되었다.

아빠를 원망하면서도, 엄마는 아빠를 찾기 위해 수소문을 계속했다. 위령은 나흘째 수리공이 와서 문을 떼어 낸 뒤에야 방에서 나왔다. 문이 열리는 순간, 고약한 냄새 때문에 모두 기겁을 했다. 위령은 위안이 넣어 준 음식에는 손도 대지 않은 채였고, 음식들은 문 밑에 고스란히 쌓여 썩고 있었다. 침대 위에 늘어져 있는 위령을 보자 엄마가 소리쳤다.

"위, 어서 업어!"

나는 위령을 업고 엄마를 따라 나갔다. 엄마는 떨고 있었다.

"위, 위, 위령이 살아 있는 거지? 그렇지?"

엄마는 비상등을 켜고 신호도 무시한 채 차를 몰았다. 위령이 옷에 똥을 쌌는지, 고약한 냄새 때문에 토할 것 같았다. 한손으로 코와 입을 틀어막고 위령의 코에 손을 대어 보니 가늘게 숨을 쉬고 있었다.

"엄마, 위령이 숨 쉬고 있어! 좀 천천히 가요!"

정신을 반쯤 놓아 버린 엄마가 걱정되었다. 응급실에서 건장한 남자 둘이 들것을 들고 뛰어왔고, 그제야 엄마는 내 팔을 붙들고 겨우 숨을 쉬는 것 같았다.

엄마가 쓰러질까 봐 걱정이었다. 그 오랜 시간 남의 손톱을 관리해 주며 돈을 벌고, 아빠의 술주정을 받아 내며 자식들을 돌보아 온 엄마 아닌가. 엄마를 달래며 병원 복도에 앉아 있는데 의사가 다가와 말했다.

"무슨 일이 있었던 거죠? 아무래도 안 되겠어요."

의사는 뒤도 안 돌아보고 가 버렸다. 간호사 말이 아동학대로 신고를 할 거라는 것이다. 위령이를 보고 그런 생각을 안 한다는 게 오히려 이상한 일이긴 했다. 탈진해서 옷에 똥까지 쌌는데 누구라도 그렇게 볼 거다. 결국 엄마는 경찰차에 실려 갔다.

나는 링거를 꽂고 누워 있는 위령에게 말했다.

"엄마가 널 학대한 죄로 끌려갔어. 의사에게 진실을 말해."

위령은 꼼짝하지 않았다. 참 지독한 아이이다. 위안이 넣어 준 음식을 한 끼도 먹지 않고 버틴 것만 봐도 그랬다. 이 더위에 먹지도 않고 사흘을 견디다니, 상상이 안 되었다.

"우리가 널 학대했니? 무슨 말이라도 해 봐! 엄마가 감옥에 가면, 우리는 아동보호소에 가야 해."

그래도 위령은 입을 꼭 다물고 죽은 것처럼 누워 있었다. 아무것도 먹지 않고 누워만 있는 위령이 미워서, 나는 병원에서 나온 위령의 밥을 몽땅 먹어 버렸다.

"영양제 맞았으니 안 먹어도 배부르지?"

저녁에 메르빌 누나가 와서 위령을 타일렀지만 위령은 고집불통이었다. 메르빌 누나가 변호사를 만나겠다고 했다. 누나 차를 타고 집에 와 저녁을 먹는데, 수리공이 새 문짝을 들고 와 뚱땅뚱땅 문을 달았다.

누나와 수리공이 떠난 뒤 위령의 방에 들어갔다. 냄새는 여전히 고약했지만, 위안이 음식물은 치운 것 같았다. 창을 열고 위령의 침대보를 휙 걷었는데, 노트 한 권이 있었다. 공책을 펼치는 순간, 다리에 힘이 쭉 빠져 꼼짝할 수가 없었다. 한 남자가 술병을 입에 물고 밧줄에 묶인 채 끌려가는 그림이었다. 분명 아빠였다. 나는 노트를 침대 밑으로 확 던져 버렸다. 눈을 감으면 밧줄에 묶여 끌려가는 남자가 자꾸 아른거렸다. 아빠는 도대체 어디 있는 걸까?

다음 날, 병원에 가니 메르빌 누나가 엄마와 함께 위령의 병실에 있었다. 엄마는 메르빌 누나가 선임한 변호사의 도움으로 나온 것 같았다.

집으로 돌아온 위령은 학교와 집을 오가며 말없는 아이로 변해 갔다. 아빠 없는 조용한 날들이 이어졌다. 평온해 보였지만 결코 평온하지 않은 분위기였다. 우리는 약속이라도 한 듯 아빠 얘기를 꺼내지 않았다. 엄마가 술에 취해 돌아오는 날이면 나는 묻곤 했다.

"엄마, 술이 지겹지도 않아?"

그러면 엄마는 늘 눈물바람이었다.

"다 큰 녀석이, 장남이면서 고작 그런 말밖에 못 하니?"

어느 날 엄마의 그 말 때문에 정신이 들었을까? 나는 내가 해야 할 일을 생각했다. 아르바이트를 해서 엄마를 도울 작정이었다. 결국 나는 고급 칼 세트를 파는 친척 아저씨를 찾아갔다. 방과 후엔 아저씨를 따라다니며 고급 칼 세트를 팔기 시작했다. 한 세트에 백만 원이 넘는 칼을 누가 살까 싶었지만, 사는 사람들이 있었다. 학교가 오후 세 시면 끝나니 시간도 괜찮았다.

⋮

미국의 작은 도시 학교 학생들은 오후 세 시에 학교가 끝나면, 대부분 운동을 하거나 취미 활동을 한다. 내 아들도 럭

비와 밴드 활동을 했다. 주립 청소년 오케스트라 단원으로 바이올린을 연주하기도 했고, 학교 대항 럭비 경기를 하다 코뼈가 부러지기도 했다. 체력도 키우며, 대학에 가기 위한 공부도 혼자서 한다.

대도시 학생들은 학원이나 과외 도움을 받는 경우가 있지만, 내가 머물던 낙스빌에는 학원이 없었고 치열하게 경쟁하는 분위기도 아니었다. 때문에 아이들은 운동과 악기, 봉사 활동을 적절히 섞어 시간을 보내고 있었다. 공부를 계속하고 싶어하는 학생들만 대학에 진학했다.

대학을 가지 않은 아이들은 대부분 독립해서 하고 싶은 일을 하며 살았다. 대학에 간 아이들도 2년간은 대학 기숙사에 머물며 공부했다. 그런 분위기를 알게 되었으니 누구나 대학에 가야만 인정을 받고 직장을 가질 수 있다고 믿는 우리나라 사회 분위기가 안타까웠다.

⋮

친척 아저씨와 칼 파는 일은 즐거웠다. 방학 동안 아저씨를 따라다니며 수입도 생겼다. 그러나 내가 그 일을 한 건 돈 때문이 아니었다. 아빠를 찾고 싶었다. 아빠가 없는 집은 조용하고 평화로웠지만 왠지 모를 슬픔이 가득했다. 아빠를 찾아야 엄마도 위령도 힘을 낼 수 있을 것 같았다. 아저씨를 따라다니던 어느 날 마침내 치료 센터에서 아빠를 만났다.

아빠는 집에 돌아가지 않겠다고 했다. 치료를 끝내고 돌아가겠다며 엄마와 동생들을 부탁했다. 아빠가 그렇게 변하다니, 믿기지 않았다.

아빠를 기다리는 엄마와 말을 잃어 가는 위령을 생각하면 당장이라도 아빠 소식을 알리고 싶었지만, 아빠가 비밀로 해 달라고 부탁한 약속을 지키고 싶었다. 이후, 나는 아빠가 계신 치료 센터에 종종 찾아갔다. 아빠와 많은 이야기를 나누며 아빠 마음을 조금씩 이해하게 되었다.

아빠의 왕족으로서의 자부심이 그렇게 대단한 줄 몰랐다. 가문이 망하고, 남의 나라에 와 목숨을 이어 가는 자신이 초라해 얼굴을 들 수가 없을 만큼 절망스러웠다는 것도 처음 알았다. 그래서 자꾸 술에 의지하게 되었고, 수없이 새 삶을 다짐했지만 잘 안 되었다고 했다. 하지만 더 이상은 그렇게 살지 않겠다고 아빠는 약속했다. 지금까지 한 번도 그런 아빠 마음을 들여다보지 않았던 게 미안했다.

⋮

위는 자신감에 차 있었다. 칼 파는 일도 계속했고, 밴드 활동도 열심히 했다. 또래 친구들보다 키는 작았지만 주먹이 아주 셌던 위는 권투를 하고 싶어했다. 위의 주먹을 한 방 맞으면 누구라도 고꾸라질 정도였다. 그런데 권투를 계속해서는 안 되는 상황이 벌어졌다.

⋮

어느 날, 학교에서 몇 녀석이 나를 보고 비아냥거렸다.

"헤이, 베트남 왕자! 왕궁에서 살지 왜 이렇게 사시나?"

나는 그만 주먹을 날리고 말았다. 녀석들은 고꾸라졌고, 한 녀석이 코피가 났다. 아이들이 몰려들었고 학교가 발칵 뒤집혔다. 나를 먼저 건드린 건 녀석들인데 폭력을 썼다는 이유로 나만 반성문을 썼고, 한 달 동안 노인 병원에서 봉사를 해야 한다는 벌칙을 받았다. 연락을 받고 학교에 오신 엄마는 울고불고 난리였다.

"남편에 위령이도 모자라 이제 너까지 속을 썩이는 거니?"

그 사건 이후, 나는 다시는 주먹을 쓰지 않기로 엄마와 맹세했다. 그런데 녀석들은 나를 가만두지 않았다. 하루는 학교를 마치고 집에 돌아가는데, 녀석들이 따라왔다. 테드와 체이스였다. 내게 분풀이를 하려고 벼르고 있었던 모양이었다.

"땅꼬마! 네가 베트남 왕자라고? 흥! 왕자가 남의 나라에 왜 왔냐? 너, 칼 판다며? 우리 칼로 맞장 한번 뜰까?"

나는 기죽지 않으려고 소리쳤다.

"코피 한 번 더 내 줄까?"

"그래, 맞장 뜨자. 따끔한 맛을 보여 줄게."

녀석들이 앞서 공원 쪽으로 걸었고, 나는 뒤를 따랐다. 잔디밭을 걸어가던 녀석들이 가방을 휘익 집어 던지며 덤벼들었다.

"그래, 덤벼 봐. 눈 하나 깜짝하나!"

나는 먼저 테드의 복부를 주먹으로 올려쳤다. 테드가 훅 고꾸라졌다.

"어? 이 자식 봐라!"

체이스가 팔을 스윽 휘둘렀는데 무언가 반짝였다. 순간 허벅지에 날카로운 통증을 느꼈고, 바지에 피가 번지기 시작했다. 녀석들은 가방을 집어 들고 후다닥 도망쳤다. 나는 소리를 내지 않으려고 이를 악물고 허리띠를 풀어 허벅지를 묶었다. 다리를 질질 끌며 공원을 빠져나오는데, 경찰차 한 대가 지나가다 멈췄다. 나는 가방으로 앞을 가리며 넘어져 다쳤다고 말했다. 경찰은 나를 차에 태워 병원에 데려다 주었다. 나는 엄마가 걱정할까 봐 메르빌 누나에게 연락했다. 누나는 놀라 입을 다물지 못했지만 치료비도 내주고 타이 레스토랑에 데려가 내가 좋아하는 국수도 사 주었다. 누나가 비밀을 지켜 주겠다며 다친 이유를 자꾸 물었지만 나는 말하지 않았다. 집에 돌아와 현관문을 들어서자 위안이 피 묻은 바지를 보고 소리를 질렀다.

그 일은 그걸로 끝이었다. 체이스와 테드를 경찰에 신고하지 않은 건, 잘한 일이었다. 엄마가 아는 것도 걱정이지만 녀석들이 퇴학당하는 것을 바라지 않았기 때문이다. 그래도 용서를 빌겠지, 하는 마음은 좀 있었는데 녀석들은 학교에 오지 않았다. 나는 누구에게도 진실을 말하지 않았다. 그 일이 있은 뒤, 다시는 주먹을 쓰지 않겠다는 결심은 더 굳었다.

하루는 일을 끝내고 돌아온 엄마가 그릇에 물을 담아 방으로 들어갔다. 궁금해 문을 열고 들어가 보니 엄마가 물에 손을 담그고 울고 있었다.

"남의 손만 관리해 주다 보니 내 손은 엉망이 되었구나!"

관절염이라고 했다. 머리를 방망이로 한 대 얻어맞은 기분이었다. 마음이 많이 아팠다. 엄마를 힘들게 하는 아빠라도 곁에 계시는 게 좋을 것 같았다. 아빠를 찾아가 엄마 얘기를 했지만, 아직 자신이 없다면서 아빠는 집으로 오지 않았다.

⋮

프레드, 그리고 내 아들과 위가 함께하는 밴드 공연을 앞두고 있던 어느 날, 위가 동생 위령을 데리고 왔다. 위는 한쪽 손에 붕대를 친친 감고 있었다. 손을 다쳤다고 했다. 다들 궁금했지만 위가 말하고 싶어하지 않는 것 같아 더 이상 묻지 않았다. 공연이 삼 주밖에 안 남았는데, 웬 날벼락이냐며 아들이 투덜대니, 위는 동생 위령이 대신해도 되겠느냐고 물었다. 위령도 놀라는 눈치였다. 그저 밴드 구경을 시켜 주겠다고 해서 따라왔다는 거다. 위는 위령이 봉고도 잘 치고, 드럼은 초보가 아니라며 자랑을 막 하더니 스틱을 위령에게 건넸다.

위의 자리를 물려받은 위령의 드럼 솜씨는 놀라웠다. 같은 또래인 프레드가 제일 좋아하는 것 같았다. 나중에 알고 보니, 위가 위령에게 드럼을 맡기려고 일부러 손에 붕대를 감고 온 것이었다. 모두 감쪽같이 속았다.

"위령이 아빠 일로 많이 변했어요. 말수도 적어지고, 방에서 혼자 지내는 시간이 많았죠. 학교 밴드도 그만두었고요. 바깥 활동도 안 하려고 했어요. 걱정됐어요. 자존심이 엄청 센 애거든요.

우리는 미국에서 태어나 아빠의 고향 베트남에 대해 잘 모르지만 부모님에게 황궁 생활에 대해 많이 듣고 자랐어요. 나나 위안은 그러지 않았는데 위령인 왕족이라는 것에 대한 자부심이 컸어요. 왕족은 품위를 잃으면 안 된다는 거예요. 그 애는 품위라는 말을 써 가며 종종 아빠한테 대들었죠. 그러다 그날 폭발한 거예요.

위령인 아빠가 치료 센터에 있는 걸 몰라요. 아빠와 약속은 했지만 엄마와 위령을 볼 때마다, 갈등이 생겨요."

위가 동생에게 기회를 주려고 그런 음모를 꾸민 것에 대해 모두 이해해 주었다. 위령 또한 위의 마음에 감동을 받은 모양이었다. 위가 위령을 안아 주며 등을 쓸어 주었고, 잘할 수 있을 거라고 용기를 주었다. 누구보다 표정이 밝아진 것은 프레드였다. 위령을 좋아하는 것 같았다. 사춘기 소년이니까 어쩌면 당연한 일이다. 마음에 누군가를 들여놓는 일은, 씨앗 하나가 바람에 날아가 뿌리를 내리는 것만큼 아름다운 일이다. 위령도 프레드와 친하게 지내면서 표정도 밝아졌고 의사 표현도 제대로 하기 시작했다.

가을 공연을 앞두고, 얼굴이 다들 말린 오징어처럼 굳어 있었다. 아들이 기타 조율을 하며 띵띵, 프레드는 키보드를 살짝살짝 누르며 호흡을 조절하는 동안 사람들이 하나둘 모여 들었다.

나도 위와 위안, 프레드 아빠, 그리고 학교 학생 몇몇을 데리고 와 자리를 잡았다. 아들이 마이크를 잡고, 밴드의 첫 번

잘한다! 위령!

째 야외 공연이니 응원해 달라고 했다. 모두가 환호해 주었다. 위령의 드럼이 챵! 당당당당당당 당당당당당당당 시작했다. 프레드의 키보드와 아들의 일렉트릭기타가 뒤를 이었다. 그때였다. 누군가 소리쳤다.

"위령! 잘 한다! 잘 해! 휘휙!"

휘파람을 마구 불어 대는 남자가 있었다. 다들 흐뭇하게 그를 바라보는데, 갑자기 위령이 드럼 스틱을 딱 멈추었다. 그때, 내 옆에 있던 위가 소리쳤다.

"위령! 계속해!"

위가 아빠에게 위령의 공연을 보러 오라고 했다는 것이다. 위 옆자리에 앉아 있던 위안은 벌떡 일어나 아빠에게 달려갔다. 위령은 훌쩍거리며 드럼을 치지 못했다. 그때, 위가 소리치며 손을 흔들었다.

"위령! 파이팅! 파이팅!"

위령이 소매로 눈물을 쓱쓱 문지르며 스틱을 바로 잡고 드럼을 치기 시작했다. '구월의 마지막에 날 깨워 달라'는 곡을 위령은 끝까지 연주했다. 박수갈채가 쏟아졌다. 공연을 끝내고 아들이 말했다.

"이 공연은 무엇보다 우리 자신을 위한 공연이었습니다. 노래를 한 모하메드는 팔레스타인에서 온 난민이고, 키보드를 맡고 있는 프레드는 멕시코에서 왔으며, 드림은 베트남에서 보트를 타고 미국으로 건너온 아버지를 둔 소녀 위령입니다. 그리고 저는 한국에서 온 유학생이에요. 모두 꽃을 피우려고 미국 땅에 왔습니다. 지금은 뿌리를 내리느라 애쓰는 중이고요!"

관중들이 소리쳤다.

"잘 될 거야! 잘 될 거야!"

나는 코끝이 찡했고 눈물이 차올랐다. 아이들을 응원하고 지지해 주는 사람들이 이렇게나 많다니! 감동적인 날이었다.

공연이 끝나자 위는 위령을 데리고 아빠 곁으로 갔다. 위령은 아무 말도 안 하고 고개를 떨어뜨린 채 서 있었다.

"위령이 대단하다!"

아빠가 위령의 어깨에 손을 얹었는데, 위령은 아빠에게 안겨 막 울었다.

"괜찮아, 괜찮아. 아빠도 곧 집으로 갈 거야. 조금만 기다려. 오빠한테 네 얘기 다 들었어."

아빠는 위령을 안아 주었고, 등을 쓸어내리며 다독였다. 위령은 울음을 그치지 못했다. 그동안 많이 힘들었던 모양이었다. 아빠도 눈이 빨개졌다.

위의 아빠는 치료 센터에서 상담을 하고 있다고 했다. 자신의 경험을 들려주며 센터에 막 들어온 환자들 치료에 도움을 주고 있다고.

그 얼마 뒤에 들으니 위의 아빠는 집으로 돌아온 뒤 살림을 맡아하며 글을 쓴다고 했다. 왕궁을 떠나 난민이 되었고, 남의 나라에 정착해 마음을 붙이기까지 얼마나 힘이 들었는지, 있는 그대로만 써도 책 몇 권은 될 것 같았다. 위 아빠는 이제야 자신의 현실을 받아들인 것 같았다. 술에 의지하지 않고 자신의 얘기를 글로 쓰고 있다니 얼마나 다행인지 모른다.

위령은 아주 씩씩해졌다. 에너지가 넘치는 아이였다. 말도 잘 하고 욕심도 많았다. 아빠가 돌아온 뒤 자신의 성격을 마음껏 드러내며 유쾌하게 생활했다. 반면 프레드는 오히려 부끄럼을 많이 타기 시작했다. 아, 프레드와 위령이 그 뒤에 서로 사귀었는지 어쨌는지 듣질 못했다. 아쉽고 궁금하다.

3장

내 쉴 곳은 어디에

모하메드는 아들이 다니는 학교에서 만난 학생이었다. 아들의 학교에는 유학생이나 이민자 부모들을 초대해, 매주 목요일에 한 시간씩 고향에 대해 소개하는 행사가 있었다. 내 차례가 되어 학생들과 마주했는데, 아이들은 북한에 대해 궁금해했다. 모하메드도 그랬다.

모하메드는 북한 주민들이 남한으로 넘어온다는 기사를 읽었다며, 탈북민에 대해 여러 가지를 물었다. 모하메드는 팔레스타인 사람이지만 팔레스타인에서 태어나지 않았다. 이라크의 난민촌에서 태어나 미국으로 건너온 아이였다. 공사 현장 사고로 척추를 다쳐 누워 있는 아버지를 대신해 가장이 되어야만 하는 상황에 처해 있었다.

어느 날 야채 가게 〈크로거〉에서 아르바이트를 하고 있던 모하메드를 만났다. 모하메드는 학교와 아르바이트를 병행하며 바쁘게 살고 있었다. 〈크로거〉 앞에서 모하메드를 만났을 때, 모하메드는 가게 밖에 흩어져 있던 수레를 모으는 중이었다. 모하메드도 나를 알아보고 씩 웃었다. 모하메드는 학교가 끝나면 그곳에서 아르바이트를 한다고 했다. 주문한 물건을 들고 배달도 다녔다. 방학을 맞아 아들에게 모하메드를 집으로 데려와 달라 부탁했다. 모하메드에 대해 궁금한 게 많기도 했고, 집에 와 있던 프레드 형제에게 위로가 될지도 모른다는 생각이 들었기 때문이다.

그런데 모하메드는 좀체 시간이 나질 않았는지 오지 못했다. 심지어는 크리스마스이브에도 일을 해야만 했다. 프레드가 엄마랑 떠나고, 아들은 방학이라 위와 자주 만나 밴드 연습을 하던 어느날이었다. 프레드의 키보드 없이 기타와 드럼만으로도 아주 신이 났는데, 드디어 아들이 모하메드를 데리고 집에 나타났다.

모하메드는 밴드에 관심이 많았다. 기타도 꽤 잘 다루었는데, 밴드 보컬을 맡기로 했다. 모하메드가 함께 하면서 밴드는 더욱 활기를 띠었다. 모하메드의 허스키한 목소리는 아주 매력적이었다. 밴드가 학교 봄 축제에 초대되면서 아이들은 방학 내내 연습에 열을 올렸다. 모하메드나 위는 아르바이트 시간을 제외하고 연습에 매달렸다. 나는 간식을 내갈 때마다 모하메드 얘기를 들었다.

이스라엘과 팔레스타인

유대인들은 로마의 박해를 피해 조국 팔레스타인을 떠나 이천 년 동안 유랑 생활을 해 왔다. 그동안 영국, 독일을 비롯한 유럽인들에게 핍박을 받고 살아온 그들은 정착할 조국의 필요성을 뼈저리게 느끼며, 언론인 테오도로 헤르츨을 중심으로 팔레스타인에 유대 국가를 건설하자는 시온주의 운동을 확산시켰다. 조상들이 살았던 팔레스타인에 합법적인 국가를 갖고 국제법의 보호를 받고자 한 것이다.

팔레스타인에 돌아온 일부 유대인들은 〈키부츠〉라는 집단 농장을 만들어 황무지를 개척하며 자급자족하는 삶을 살았다. 이 〈키부츠〉를 중심으로 시온주의가 확산되며 세계 각지에 살고 있던 유대인들이 팔레스타인으로 돌아오기 시작했다. 그들은 팔레스타인 사람들이 살고 있는 땅을 사들이며 유대인 정착촌을 늘려 갔다.

1차 세계대전 중, 팔레스타인에 유대인 국가 설립을 지지한다는 "벨푸어 선언"을 영국이 발표하자 유대인들의 이민이 시작되었다. 이천 년 동안 팔레스타인에 살아 왔던 원주민들은 불안해졌고 마침내 유대인들을 공격했다. 유대인들은 미국과 유럽에 살며 경제적으로 부를 축적한 유대인의 도움을 받아 무기를 사들이고 전열을 정비해, 아랍 5개 국가가 참여한 팔레스타인과의 전쟁에서 승리했다.

이 전쟁에서 유대인이 승리하자 국제사회는 팔레스타인을 동서로 분할해 동팔레스타인을 아랍계 팔레스타인 사람들, 서팔레스타인을 유대계 팔레스타인 사람들의 국가로 인정했다. 그러나 아랍계 팔레스타인 사람들은 이를 받아들이지 않았고 유대인들은 이를 수용했다. 마침내 1948년, 이스라엘이라는 국가가 탄생했다.

1967년 6월, 이스라엘은 팔레스타인을 상대로 한 3차 중동전쟁에서 크게 이겨 더 넓은 팔레스타인 영토를 차지하게 되었다. 그 결과 수많은 아랍계 팔레스타인 사람들이 고향을 떠나야 했고, 국제기구의 중재로 현재 가자 지구와 서안 지구에 머물고 있다.

중동 지방과 예루살렘

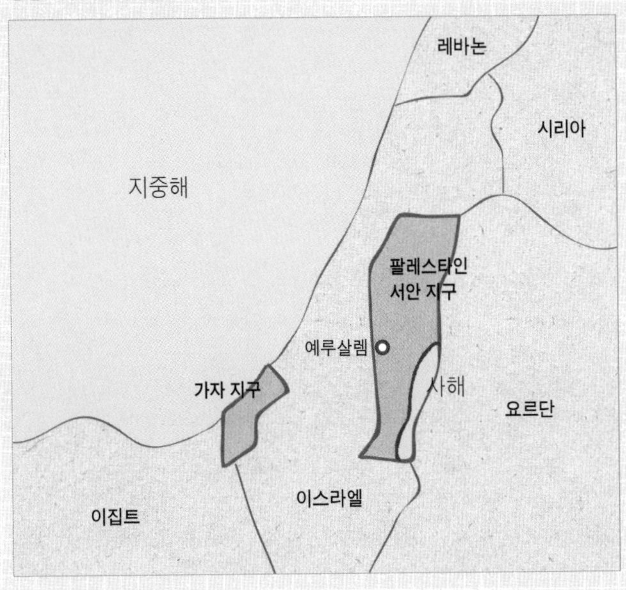

서안 지구는 충청북도 면적의 4분의 3 정도 되는 땅인데, 이곳에 아랍인 210만 명, 유대인 50만 명 등 260만 명의 인구가 공존하고 있다. 가자 지구는 세종시 크기 정도인데, 이곳 팔레스타인 자치기구에는 200만 명의 주민이 유엔의 원조에 의지해 살고 있다.

이스라엘은 아랍인들의 잦은 테러로부터 자국민을 보호해야 한다는 이유를 내세워 2002년부터 분리 장벽을 세우기 시작했고, 팔레스타인 사람들의 통행을 엄격히 통제하고 있다. 분리 장벽 때문에 팔레스타인 사람들은 이동권, 직업 선택권을 박탈당한 채, 열악한 교육과 의료 환경, 경제적 어려움에 처해 있다. 이로 인해 수많은 팔레스타인 사람들이 고향을 떠나 난민 생활을 하고 있다.

모하메드는 삼촌의 도움을 받아 살고 있지만 언젠가는 삼촌으로부터 독립해야 한다는 생각을 가지고 있었다.

난민촌에서 태어나 미국으로 오기까지 모하메드가 들려준 이야기는 한 편의 소설 같았다. 놀랍고, 흥미로웠다. 남의 아픔에 흥미를 느낀다는 말은 가당치 않다. 하지만 믿기 어려운 이야기를 현실로 받아들여야 할 때, 궁금증은 폭발한다. 가장이 되려고 학교를 그만두고, 가족을 돌보려고 자신을 헌신하는 모하메드의 당찬 모습을 보며 한편 흐뭇했다. 뿌리를 단단하게 내린 한 그루 느티나무를 보는 것 같았다.

⋮

내가 태어난 곳은 이라크의 알 홀 난민촌이다. 태어나 일곱 살까지 난민촌을 전전하다 미국에 왔다. 학교에 가고 싶지만 아빠를 두고 도망갈 수 있을 만큼 난 독한 아들이 못 된다.

전쟁에서 한쪽 다리에 총을 맞고 고향으로 돌아온 아빠는 이발사가 되었다. 그러나 고향을 떠날 수밖에 없었다. 전쟁으로 아빠는 가족도 몽땅 잃었다. 이스라엘 정부가 팔레스타인 사람들을 쫓아내는 바람에 삶의 터전을 잃고 흩어져 난민이 되었다. 아빠는 이라크 알 홀 난민촌에 오게 되었고, 그곳에서 엄마를 만나 나와 동생 마이를 낳았다. 그리고 2003년 미국으로 왔다. 이발사였던 아빠가 미국에 건너오기로 결정한 것은 엄마와 마이 때문이었다. 엄마가 말을 잃어버린 사건을 나는 알고 있다. 하지만 그 일을 되도록 입 밖에 내지 않으려 애쓰고 있다.

더운 여름에도 엄마는 머리에 히잡을 쓰고 다닌다. 아빠는 마이에게도 쓰라고 했지만 엄마가 원치 않았다. 이라크 난민촌에서 태어나 일곱이 될 때까지 그곳에 살았던 나는 그 시간들이 아직도 생생하다. 우리 가족이 겪었던 그 시간들을 어떻게 잊을까. 잊어야 하는 것들을 잊을 수 없는 고통만큼 큰 것이 있을까. 신은 우리를 버린 게 틀림없다. 나는 아빠 침대 머리맡에 있는《코란》을 침대 밑으로 확 밀어 넣어 버렸다.

우리는 아빠의 사촌 형이 미국에 정착해 살고 있었기 때문에 이곳에 자리를 잡을 수 있었다. 건설 회사 잡부 일이지만 기술을 배울 수 있다며 아빠는 좋아했다. 주임 목수의 뒤를 따라다니며 허드렛일을 반 년 정도나 했을까. 드디어 망치와 톱을 들게 되었다며 무지 기뻐했던 날이다. 바로 그날, 아빠는 지붕 위에서 떨어져 척추를 다쳤다.

주임 목수는 아빠를 차에 태워 왔고, 삼촌은 아빠를 데리고 병원에 갔다. 엄마는 안절부절 못 한 채, 나를 붙들고 발을 동동 구르다 바닥에 주저앉아 꺽꺽 울었다. 마이도 엄마 곁에 붙어 훌쩍거렸다. 나는 울지 않았다.

"부러진 건 다시 붙으면 돼!"

병원에서 돌아온 아빠는 갈비뼈가 부러졌다며 걱정하는 삼촌에게 이렇게 말했다. 삼촌은 어두운 얼굴로 나를 바라보았다. 아빠에게 목수 일을 배워 보라며 소개해 주었던 이는 삼촌이었다. 삼촌은 아빠의 사고가 자기 책임인 양 미안해하며 자책했다.

"며칠 누워 있으면 나을 거야. 걱정 마."

아빠는 다시 한 번 힘주어 말했고 애써 웃었지만 통증 때문에 표정이 자주 일그러졌다. 어지간한 고통은 참는 게 남자라고 말했던 아빠였다. 아빠가 "괜찮아. 괜찮아"를 반복했지만 그날부터 우리 집 형편은 말이 아니게 되었다. 누군가 아빠의 곁에 붙어 있지 않으면 안 되었다. 그저 갈비뼈가 붙기만을 기다리며 아빠는 매일 약을 먹어야 했고, 엄마는 하루에도 몇 번씩 가슴을 쓸어내리곤 했다.

아빠가 병원에 왜 가지 않겠다고 하는지 나는 안다. 난민촌에 있던 우리 가족을 데려오느라 이미 많은 돈을 쓴 삼촌에게 더 이상 신세질 수 없었기 때문이다. 그런데 그렇게 병원에 가지 않겠다고 버티던 고집을 꺾고 아빠는 삼촌과 병원에 갔다.

"환자보다 보호자가 힘을 내야 해!"

아빠를 검사실에 들여보낸 삼촌이 햄버거 하나를 건네주며 내게 한 말이었다. 삼촌의 말이 끝나자마자 간호사가 보호자를 불렀고, 나는 반사적으로 자리에서 일어섰다. 그런데 삼촌이 앞서 나갔다.

"신경이 죽어 간다고요?"

의사 앞에 선 삼촌의 목소리가 떨렸다. 어쩌면 의사는 그렇게 엄청난 말을 아무렇지 않게 할 수 있을까. 한동안 삼촌과 나는 죽은 나무처럼 한참을 그 자리에 서 있었다. 집에 돌아온 뒤에도 삼촌과 나는 입을 열지 못했다. 그런 침묵 속에서 엄마는 냉장고에 몸을 기댄 채 울었고 마이는 엄마 손을 만지작거렸다. 아빠는 침대에 누워 여전히 눈을 감은 채였다. 삼촌이 나간 뒤에도 아무도 움직이지 않았다. 그리고 며칠 뒤, 삼촌은 엄마를 데리고 나갔고 밤이 늦어서야 돌아왔다. 엄마가 취직을 했다!

중국인 식당에서 그릇 닦는 일을 하게 되었다는 엄마. 엄마는 애써 웃었지만 나는 엄마처럼 웃지 못했다.

오전에는 엄마가 아빠를 돌보았고 학교가 끝난 후에는 나와 마이가 돌보기로 했다. 이럴 때 마이가 있어 참 다행이다.

오늘이 내 차례다. 시간이 참 느리게 간다. 사고 이후 아빠는 말이 줄었다. 애써 표정을 밝게 하려고 애쓰지만 온몸이 슬픔으로 가득 차 있을 것이다. 엄마가 준비해 놓은 점심을 들고 침대 옆에 앉아 아빠 등 뒤에 쿠션 하나를 밀어 넣었다. 브로콜리와 콩으로 만든 스프다. 아빠는 배가 고프지 않다며 조금만 먹었다. 아빠가 왜 먹는 걸 줄이려고 하는지 나는 알고 있다.

"아빠, 걱정 마."

아빠 입에 스프를 떠 넣었다. 스프를 애써 받아넘기던 아빠의 눈에서 갑자기 눈물이 볼을 타고 흘렀다. 나는 당황했다.

"모하메드, 그만해!"

아빠가 힘주어 말했다.

"엄마 때문이야?"

나는 아무렇지 않게 물었다. 내가 왜 아빠 마음을 모를까. 사실은 나도 울고 싶었다. 하지만 아빠 앞에서, 아니 그 누구 앞에서도 울어서는 안 된다고, 아빠를 등에 업고 병원에 갔던 날 난 다짐했다. 수건에 물을 적셔 와 아빠의 얼굴을 닦았다. 아빠의 까만 수염이 까칠하게 자라 있었다.

"아빠, 수염 깎아 줄까?"

아마 아빠가 수염을 길렀다면 털보 아저씨라는 별명이 붙었을 것이다.

"멋있는데 그냥 둘까?"

아빠가 가위로 대충 잘라 달라고 주문했다. 신문지 한 장과 부엌 가위를 들고 오니 아빠가 조금 웃었다. 가위 때문이었다.

"부엌 가위, 이발 가위 따로 있나, 뭐."

그때 마이가 숨을 몰아쉬며 들어섰다. 뛰어온 것 같았다.

"어! 아빠 수염 깎았네!"

순간 아빠와 내 눈이 마주쳤다. 마이가 믿을 수 없다는 표정으로 나를 바라보았다.

"정말이야, 내 솜씨라고. 나도 몰랐어. 내게 이발사의 피가 흐르고 있다는 걸!"

나는 조금 능청을 떨었다. 마이가 침대 옆에 앉아 아빠의 얼굴을 빤히 들여다보았다. 그 다음은 안 봐도 뻔하다. 아빠 얼굴에 제 얼굴을 부빌 것이다. 나는 보지 않으려고 방을 나왔다. 쓰레기통을 들고 밖으로 나가려는데 마이가 불렀다.

"오빠, 아빠 코란 못 봤어?"

나는 못 들은 척 현관문을 꽝 닫고 나와 버렸다.

난민촌에서의 일을 잊을 수가 없다. 절대 잊지 못할 것이다.

내 나이 일곱 살, 마이는 네 살 때 일이다. 그날 아침, 우리 가족은 빵 한 개에 물 다섯 컵을 부어 끓인 죽 한 그릇씩을 먹었다. 죽이 아니라 거의 물이었다. 먹고 나서도 배가 고팠다. 그릇이 비었는데도 내가 숟가락을 놓지 않자 엄마는 먹던 죽 사발을 내 앞으로 밀어 놓았다. 마이가 슬그머니 자리를 옮겨 앉으며 제 숟가락을 넣었다. 나와 마이는 엄마의 죽을 닥닥 긁어 먹었다. 아빠의 죽까지도 마이와 나는 몽땅 먹어 치웠다. 그래도 배가 고팠다.

엄마는 풀을 뜯어 와 밀가루를 조금 넣어 죽을 쑤었다. 우리는 풀죽으로 빈속을 다시 채웠다. 그 풀죽을 먹고 난 뒤 마이는 토했고 눈도 뜨지 않은 채 늘어져 숨을 깔딱거렸다. 엄마는 마이가 죽을 것 같다며 끌어안고 울었고, 아빠는 의사를 불러 오겠다며 나갔지만 혼자 돌아왔다. 그때 엄마가 마이를 품에서 내려놓고 밖으로 나갔다. 아빠는 그냥 서 있었다. 나는 마이에게 담요 한 장을 가져다 덮어 주었다. 마이가 눈을 조금 떴다 감았다.

"마이! 마이!"

내가 마이의 몸을 흔들자 마이가 입을 조금 달싹거렸다.

"뭐라고?"

마이가 무슨 말인가를 하려 했지만 소리가 너무 작아 들리지 않았다. 아빠가 마이를 안았다.

"마이, 정신 드니?"

마이는 대답하지 않았다. 모래바람이 몰아쳤고, 천막은 푸드득 푸드득 뜯겨 날아갈 것만 같았다. 무서웠다. 마이를 안고 있는 아빠의 곁에 붙어 앉아 마이가 죽으면 나도 함께 죽게 해 달라고 기도했다. 어둠이 몰려왔고 바람 소리뿐이었다.

"불 켤까, 아빠?"

아빠는 대답이 없었다. 너무 조용했고 너무 추웠다. 난민촌의 겨울은 끔찍했다. 추워서 죽는 사람도 있었다. 사람이 추워서 죽을 수도 있다는 것을 그때 처음 알았다. 그 얘기를 들은 뒤 밖에서 놀다가도 몸이 추워지면 얼른 집으로 들어오곤 했다. 담요 한 장을 가져다 아빠 등에 걸쳐 주고 아빠 옆에 기대어 앉았다. 너무 조용해서 마이의 느린 숨소리가 희미하게 들렸다. 불도 켜지 않은 채였다. 갑자기 밖에서 큰소리가 들렸다. 아빠는 마이를 바닥에 누이고 밖으로 나갔다. 나도 아빠를 따라 나갔다.

"쳐라! 쳐라! 도둑년을 쳐라!"

사람들이 외쳤다. 모래바람 속에서 웬 여자가 바닥에 구르는 게 보였다. 엄마였다. 사람들이 엄마에게 마구 발길질을 해댔다. 순간 아빠는 그들 사이를 헤집고 뛰어들어 울부짖었다.

발길질에 이리저리 채인 아빠와 엄마. 아빠는 용서해 달라는 말만 되풀이했다. 나는 바들바들 떨었다. 너무 춥고 무서워 눈물도 나오지 않았다. 사람들이 돌아갔지만 아빠와 엄마는 바닥에 엎드린 채 한동안 꼼짝하지 않았다. 엄마는 죽었을까? 모래바람이 휘익 지나갔고, 나는 바지에 싸 버린 오줌 때문에 움직일 수 없었다.

"엄마!"

엄마를 불렀으나 엄마는 움직이지 않았다. 겨우 엄마 옆에 쭈그리고 앉았는데 갑자기 엄마가 나를 와락 끌어안았다. 엄마는 서럽게 울었다. 아빠가 엄마를 일으켜 세웠으나 엄마는 제대로 걷지 못했다. 불빛에 드러난 엄마의 얼굴. 엄마가 아닌 것 같았다. 엄마가 가슴에서 무언가를 꺼내 냄비에 담았다. 감자 다섯 알과 양고기였다. 엄마는 냄비를 화덕에 올렸다. 얼마쯤 지나자 냄비 뚜껑이 들썩거렸고 엄마는 말없이 양고기 감자 스프를 마이에게 한 숟가락씩 떠 넣기 시작했다. 아빠와 나는 말없이 그런 엄마를 보고 있었다. 마이의 손가락이 조금 움직였다. 엄마는 밤새도록 마이를 품에 안고 꼼짝하지 않았다. 다음날 엄마 품에서 마이가 눈을 떴다. 하지만 엄마는 말이 없었고 아빠는 엄마에게 아무것도 묻지 않았다. 며칠 후, 우리는 얼마 되지 않은 돈을 몽땅 뺏긴 뒤 그곳을 떠

나야만 했다.

마이가 잠잠하다. 아마 학교와 친구 얘기를 하며 아빠 옆에서 조잘댈 것이다. 아빠의 무료함을 달래 주려 애쓰고 있을 것이다. 그때, 현관문 소리가 났다.

"마이!"

삼촌이 아빠 방으로 들어가는 모양이다. 마이가 내 방문을 두드렸다.

"오빠, 엄마 왔어!"

나는 그냥 있었다. 삼촌을 보며 늘 미안한 표정을 짓는 아빠와 엄마를 보는 게 힘들다. 삼촌이 없었다면 우리는 어떻게 되었을까. 삼촌은 우리를 데려온 걸 후회하지 않을까. 그대로 난민촌에 남아 있었다면 우리는 어떻게 되었을까. 머리가 아파 왔다. 아빠, 엄마, 그리고 마이를 위해 내가 할 수 있는 일이 없다고 생각하니 가슴이 답답했다.

아빠 방에서 삼촌의 웃음소리가 난다. 아빠 수염 때문일 것이다. 마이의 웃음소리도 들렸다. 죽음의 문턱에서 살아 돌아온 마이였다. 엄마의 양고기 감자 스프를 먹고 살아난 마이. 사람들로부터 매질을 당하고 발로 채이던 엄마의 모습을 마이가 보았다면 마이는 평생 그 고통에서 벗어나지 못했을

박해, 전쟁, 테러, 극도의 빈곤, 기근, 자연재해를 피해 다른 나라로 망명한 사람, 난민 지위를 인정받으려는 사람을 '망명 신청자'라고 한다. 난민은 제2차 세계대전 이후 동유럽을 떠난 대규모 피난민들에 대해 법적으로 정의하면서 정식화되었다.

〈유엔난민기구(UNHCR)〉는 2006년 기준으로 전 세계 난민 수를 840만여 명으로 집계했다. 조국을 떠난 대다수의 난민들은 인접 국가에 망명을 신청한다.

난민이 크게 발생하는 주요 국가로는 아프가니스탄, 이라크, 미얀마, 수단, 팔레스타인, 시리아 등이다. 국내 실향민이 가장 많은 나라는 수단으로, 5백만 명이 넘는다. 〈유엔난민기구〉 추정치에 따르면, 2003년 이라크 전쟁 이래 470만 명 이상의 이라크인들이 고향을 등졌으며, 270여만 명은 이라크에, 200여만 명은 인접 국가에 있다.

2015년 들어 지중해 또는 남동유럽을 통해 유럽연합 내로 망명하는 난민과 이민자가 급증하고 있다. 이 난민은 시리아, 이라크 등 중동 지방과 아프리카, 서남아시아, 발칸반도에서 들어왔다. 〈유엔난민기구〉의 자료에 의하면 2015년부터 지중해에서 유럽으로 도착한 난민의 국적은 시리아 52퍼센트, 아프가니스탄 19퍼센

난민 이동 경로

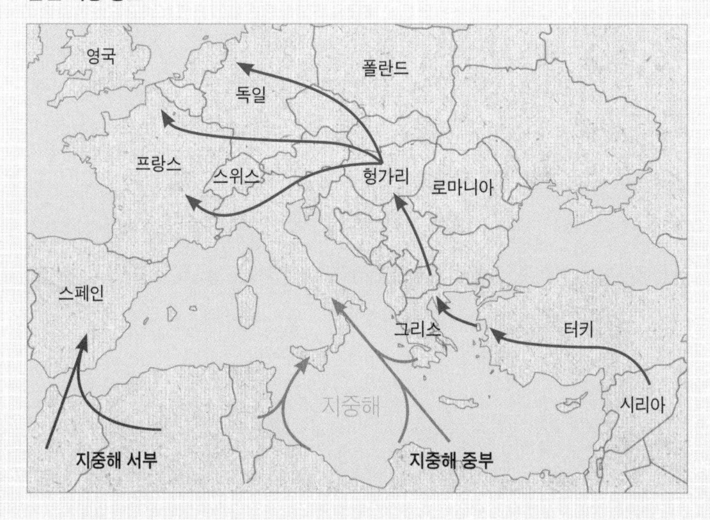

트, 이라크가 6퍼센트였다. 난민 대부분은 성인 남성으로, 65퍼센트를 차지한다.

유럽에서 지중해를 통해 오던 난민 2천 명을 태운 난민선 다섯 척이 난파되어 한꺼번에 1천2백 명 이상이 사망한 사건도 있었다.

2017년 통계에 따르면 바다를 건너 피난을 떠나는 난민 중 29퍼센트는 어린이와 여성이며, 사망자 중 12퍼센트가 어린이다. 부모의 죽음으로 방치된 아이들은 성범죄와 노동착취에 노출되어 있을 뿐 아니라 영양실조, 전염병으로 생명을 위협받고 있다.

〈유엔난민기구〉에서는 전 세계적으로 시리아 난민의 숫자가 2차 세계대전의 난민 숫자를 뛰어넘었다고 발표했다. 시리아는 6년간의 내전으로 47만 명이 목숨을 잃었고, 450만 명의 난민이 레바논, 요르단, 터키 등 주변으로 흩어졌다. 난민 아동 중 40퍼센트가 학교에 다니지 못하고 있다.

2015년 터키 남서부 해변에서 세 살배기 시리아 난민 아일란 쿠르디가 숨진 채 발견되어 전 세계적인 이슈가 된 바 있다.(참조: 유엔난민기구, 위키백과)

것이다. 그런데 나는 그때의 일이 갈수록 또렷해지고 있다. 가슴에 무언가를 품고 있던 엄마, 살려 달라며 엎드려 애원하던 아빠 때문에 나는 무서워 숨도 제대로 못 쉬고 깔딱거리며 울었다. 얼어서 뻣뻣해진 바지 때문에 제대로 걸을 수도 없었다.

그렇게 당하고도 머리에 히잡을 쓰고 있는 엄마였다. 이해할 수 없다. 식당일은 어떤지 묻고 싶었지만 나는 여태 묻지 못했다. 물어보았다 해도 엄마는 애써 밝은 표정을 지었을 것이다.

이라크의 알 홀 난민촌에서 나온 우리는 갈 데가 없었다. 겨울이었다. 황량한 허허벌판을 걷고 또 걸었다. 엄마는 제대로 걷지 못했다. 내게 의지해 걷는 엄마의 무게 때문에 나는 자꾸만 휘청거렸다. 쓰러질 것만 같았다. 배 속이 텅 비어 아무것도 생각나지 않았다. 짐이라고 해 봤자 옷가지와 식량 조금, 가재도구 몇 개를 싼 보따리 하나와 담요 두 장, 아빠의 기도 카펫을 조금씩 나누어 든 게 전부였다. 그런데도 너무 무거워서 버리고 싶었다. 아빠는 옷 보따리에 마이를 넣어 짊어진 뒤 담요 한 장을 펼쳐 나와 엄마 등에 걸쳐 주었다. 바람막이가 되긴 했지만 담요 때문에 무거워 걷기가 힘들었다.

마침내 엄마는 주저앉고 말았다. 사실 엄마가 걷는다는 것은 무리였다.

옆에 쪼그리고 앉은 나를 엄마는 바짝 끌어당겼다. 한참을 그렇게 있었다. 아빠가 잠시 머물 곳을 찾아보자고 했지만 엄마는 움직이지 않았다. 그때 내가 엄마를 위해 할 수 있었던 일은 그저 엄마가 내게 기댈 수 있도록 하는 것뿐이었다. 나는 결심했다. 다시는 떠돌이 개에게 돌멩이를 던지거나 깨진 병을 던지지 않겠다고. 그리고 우리 가족이 떠돌이 신세가 되지 않게 해 달라고 간절히 기도했다. 나는 울지 않았다. 내가 울면 엄마가 더 슬퍼할까 봐 참았다. 그러나 두려웠다. 아무도 우리를 도와주지 않았고 우리는 갈 데가 없었다.

얼마나 지났을까. 아빠가 부르는 소리에 담요를 들춰 보니 아빠 등에 있던 짐이 보이지 않았다. 지낼 만한 곳을 찾았다는 것이다. 아빠는 엄마를 일으켜 세웠다. 아빠에게 의지해 걷는 엄마를 지나가는 사람들이 힐끗힐끗 쳐다보았다. 아빠가 우리를 데려간 곳은 폭격을 맞아 일부가 주저앉은 삼 층짜리 콘크리트 건물 안이었다. 건물의 지붕이 거의 날아갔지만 일 층의 한쪽 벽이 부서지지 않아 비가 들이치지 않을 것 같았다. 마이는 옷 보따리 속에서 꿈틀댔다. 아빠는 타다 남은 초를 꺼내 불을 붙여 한쪽 귀퉁이 바닥에 놓았다.

엄마가 더 이상 걸을 수 없었으므로 우리는 그곳에서 밤을 보내기로 했다. 누군가 머물렀던 흔적들이 있었다. 너덜해진 군화 한 짝과 헌 옷가지가 바닥에 아무렇게나 뒹굴고 있었다. 벽에 기대 앉으니 지독한 냄새가 났다. 지나가던 사람들이 들어와 오줌을 쌌거나 개들이 볼일을 보고 갔던 게 분명했다. 냄새가 너무 지독해서 자꾸 구역질이 나려고 했다. 마이는 옷으로 코를 틀어막았지만 나는 가능한 숨을 참았다가 잠깐씩 내쉬었다. 담요를 뒤집어 쓴 엄마는 냄새나는 벽에 기대 꼼짝하지 않았다.

잠시 나갔다 돌아온 아빠가 마른 나뭇가지와 밀짚을 가지고 와 엄마 옆에 불을 지폈다. 연기 때문인지 냄새가 조금 사라졌다. 마이는 여전히 보따리 속에서 눈만 내놓고 있었다. 아빠는 담요 한 장을 내게 덮어 주고 밖으로 나가 밀짚 두 단을 더 가지고 와 바닥에 깔았다. 그리고 그 위에 옷가지로 둘둘 만 마이를 앉혔고 내게는 옷 한 장을 꺼내 준 뒤 엄마를 밀짚 위로 옮겨 누였다. 엄마와 나, 마이, 그렇게 담요 두 장을 덮었고 아빠는 모닥불 옆에 쪼그리고 앉았다. 모닥불 때문인지 공기가 조금 훈훈했다.

불빛에 반짝이는 것이 보였다. 총알이었다. 내가 팔을 뻗어 총알을 집으려 하자 아빠가 먼저 집어 멀리 던졌다. 아까웠다.

총알을 모아 가면 돈으로 바꿀 수 있을 텐데. 어떤 형은 총알뿐 아니라 총도 주워다 팔았다고 했다. 그런 것들을 팔아 중고 자전거를 샀던 형도 있었으니까.

친구 하말의 형은 총알을 많이 주워 오면 돈을 주겠다고 약속했다. 그 형은 학교에 가는 것보다 탄피를 모아 파는 일을 더 즐거워했다. 탄피나 총알을 모아 팔아 돈이 생기면 우리에게도 나눠 준다며 멀리 내몰곤 했는데 사탕 몇 개나 줬을까, 돈은 한 번도 준 적이 없다. 하말은 형이 사다 준 장난감 총으로 매번 대장 노릇을 했으나 아무도 녀석을 대장으로 인정하지 않았다. 그렇다고 하말을 함부로 대하지도 못했다. 누구든 하말을 무시하면 하말의 형에게 엄청 맞는다는 것을 잘 알고 있었기 때문이다.

우리 같은 꼬마들은 형들을 따라다니며 총알을 줍거나 전쟁놀이를 하며 놀았다. 어떤 형은 열여덟 살이 되면 전쟁터에서 싸우다 순교하는 게 꿈이라고 했다. 순교자가 되면 하늘나라에서 많은 포상을 받는다고도 했다. 알라의 이름을 걸고 명예롭게 죽는 사람은 특별한 대우를 받는다. 그러니까 전쟁터에 나가 죽고 싶어들 한다. 심지어는 어린애들이 폭탄 조끼를 입고 적진에 뛰어들기도 한다. 명예롭게 죽으면 알라에게 상을 받는다고 하니 두려움 없이 죽음을 선택한 거라고, 아빠가 말해 주었다. 그러면서도 아빠는 그런 죽음은 가족들에게 큰 상처를 주는 것이라고 말했다.

형들은 우리에게 총 쏘는 법을 가르쳤고 나무총을 만들어 주기도 했다. 가끔씩 멀리 떨어진 아자르까지 나가 탄피나 총알을 주워 가며 우리는 무너진 건물 더미 속에서 전쟁놀이를 했다. 자주 시내에서 불길이 솟아올랐다.

난민들은 어딜 가든 환영받지 못했다. 약한 자에게 총을 들이대는 것은 비겁한 일이라고 아빠가 말했지만 우리는 힘 있는 사람들을 이길 수가 없었다. 난민촌에 있던 아슬라 아줌마는 자식 일곱 명을 몽땅 전쟁에서 잃었다. 아줌마는 숨쉬는 하루하루가 사는 게 아니라고 늘 말했다. 나를 안아 줄 때마다 아줌마의 눈에는 눈물이 고였다. 아줌마는 우리가 그곳을 떠나던 날 어둠을 틈타 빵 몇 개와 삶은 감자 여섯 개를 가지고 왔다. 그러고는 엄마를 부둥켜안고 한참을 울었다. 쉰 살도 안 되었다는데 아줌마는 할머니처럼 늙어 보였다. 그래서 아줌마를 부를 때면 나는 종종 "할머니"라는 말이 튀어나오곤 했다. 엄마가 "언니"라고 불렀으니 이모라고 했더라면 좋았을걸, 하고 아줌마를 마지막 본 날 후회했다. 내 볼을 만져 주고 사탕도 주고 껴안아 주던 아줌마에게 나는 아무 말도 하지 못하고 왔다.

아빠는 아줌마가 준 찐 감자를 하나씩 나눠 주었다. 엄마는 먹지 않았다. 아빠도 먹지 않았다. 내가 아빠에게 감자를 내밀자 아빠는 고개를 저었다. 엄마는 여전히 꼼짝하지 않았다. 그날 밤, 모닥불이 점점 사위는 걸 지켜보다 나는 잠이 들었다.

소리 때문에 깨었는데 동이 트고 있었다. 엄마는 아빠 무릎에 머리를 얹고 끙끙 앓았다. 아빠는 잠을 못 잔 것 같았다. 아빠의 얼굴이 유령 같았다. 너무 추워 몸이 말려들 것처럼 떨렸다. 나는 밖으로 나가 건물 뒤 언덕으로 기어 올라가 나뭇가지며 마른 풀들을 손으로 긁어 빠르게 내려왔다. 이빨이 바득바득 부딪쳤다. 손이 얼어 펴지도 굽히지도 못한 채 나뭇단을 내려놓자 아빠가, "제법이구나!" 하며 불을 지폈다. 다시 공기가 훈훈해졌다. 아빠가 엄마를 조심스레 내려놓고 작은 카펫을 펼치며 나를 바라보았다. 아침 기도 시간이었다. 나는 담요를 둘러쓰고 움직이지 않았다.

날이 밝았지만 우리는 떠나지 못했다. 엄마는 불덩이처럼 몸이 뜨거워 땀을 흘리면서도 바들바들 떨었고, 겨우 물 두 모금을 마신 뒤 다시 담요를 뒤집어썼다. 아빠가 봇짐에서 작은 냄비 하나를 꺼내 모닥불에 얹고 물을 부었다. 물이 끓자

빵 한 개와 찐 감자를 넣어 으깼다. 엄마는 스프를 먹으려 하지 않았다. 아빠는 계속 먹이려 애를 썼고 엄마는 먹지 않겠다며 뿌리쳤다. 아빠는 지쳐 보였다. 엄마는 슬픔이 가득 찬 얼굴로 겨우 죽을 몇 번 받아먹었다.

마이가 깨어나 앉아 있었다. 옷에 둘둘 말린 마이는 꼭 말똥구리 같았다. 움직이면 어디론가 굴러가 버릴 것 같아 웃음이 나왔지만 나는 웃지 않으려고 애를 썼다. 아빠가 마이와 내게 숟가락을 건넸다. 엄마가 먹다 남긴 스프를 먹다 조금 남겼다. 아빠는 남기지 말라고 했지만 그럴 수가 없었다. 마이가 숟가락을 아빠에게 건넸다. 아빠는 배고프지 않다며 받지 않았다. 공기만 먹고 사는 아빠였다.

엄마 때문에 우리는 떠날 수가 없었다. 엄마를 보살피라고 하고 나갔던 아빠는 조그만 병에 든 물약을 가지고 돌아왔다. 그 약을 먹고 난 후 엄마는 계속 잠을 잤다. 아빠는 다시 나갔고 마이는 나뭇가지 하나를 주워 바닥에 무언가를 그렸다. 나는 글자를 막 깨친 후라 아빠가 준 《코란》을 읽었다. 고향으로 돌아가려면 《코란》을 열심히 읽어야 한다고 해서였다. 하지만 난 아빠의 고향 팔레스타인에 대해 잘 몰랐다. 이스라엘 군인이 아직도 그곳에 있다는 것 말고는 아는 게 많지 않았다.

엄마가 담요를 들추며 소리를 냈다. 무서웠다. 짐승이 내는 소리 같았다. 그런 엄마를 보고 마이가 소리 내어 울었다. 엄마가 물통을 가리켰다. 물을 달라고 하는 것 같았다. 엄마는 물을 두 잔쯤 마신 뒤 마이를 품에 안았다. 한결 나아 보였다. 열이 좀 내렸는지 땀은 흘리지 않았다.

해질녘이 되어 돌아온 아빠가 기도를 하려고 카펫을 깔았다. 우리는 그런 아빠를 물끄러미 바라보았다. 기도를 끝낸 아빠가 토마토 몇 개와 양파 한 개를 작은 가방에서 꺼낸 뒤 엄마의 이마에 손을 올려 보더니 표정이 좀 밝아졌다. 아빠는 토마토와 양파를 잘게 썬 뒤 밀가루 한 줌을 넣어 물을 붓고 불을 피웠다. 그 스프를 엄마는 조금 먹었고 아빠도 조금 먹었다. 난민촌을 떠난 이후 아빠가 음식 먹는 것을 처음 보았다.

비가 내리기 시작했다. 아빠는 조각난 콘크리트 벽돌을 주워 모았다. 나도 아빠를 거들었다. 넷이 앉을 만한 자리가 되자 널브러져 있던 옷가지들을 주워다 그 위에 놓고 밀짚을 깔았다. 바람이 불 때마다 부서진 벽 쪽으로 비가 들이쳤다. 우리는 담요를 뒤집어쓰고 가능한 몸을 포개어 앉았다. 허리도 아팠고 다리도 저렸다. 소변이 마려웠지만 참았다. 저녁에 스프를 조금만 먹을걸, 후회했다.

춥고 어두운 밤은 참 느리게 갔다. 피곤했는지 지독한 냄새도 아랑곳하지 않고 아빠는 벽에 기대어 코를 골았다. 엄마는 잠을 자는지 어쩌는지 아빠에게 기대어 가만히 있었고 나와 마이는 서로 몸을 간질이며 조금씩 웃었다.

나는 대부분의 시간을 《코란》을 읽으며 보냈고 마이는 땅바닥에 그림을 그리거나 다리가 하나밖에 없는 여자 인형에게 말을 걸며 놀았다. 그 인형은 아슬라 아줌마가 준 것이었는데 마이의 유일한 친구였다. 마이와 나는 가끔 그림자놀이를 했다. 상대방의 그림자를 밟기 위해 쫓아다니는 놀이다. 그림자를 밟히지 않으려고 도망 다녀야 했고, 그림자를 밟으려고 쫓아다녀야 했으니 잠시도 쉴 수가 없다. 잡아야 했고, 잡히면 안 되는 놀이. 놀이를 하다 보면 금방 지쳐 버렸다. 그러고 놀면 배가 많이 고팠다. 물은 아무리 마셔도 배고픔을 채워 줄 수 없다는 걸 그때 알았다.

오줌을 눌 때마다 나와 마이는 건물 안에서 보지 않고 바깥쪽으로 나갔다. 물만 먹었는데 냄새가 지독한 물이 되어 나온다는 게 참 신기했다.

아침에 희멀건 밀가루 죽을 먹고 엄마는 담요를 쓴 채 꼼짝하지 않았고 아빠는 나갔다가 저물녘이면 돌아왔다. 대부분 빈손이었지만 가끔씩 토마토 한두 개와 콩을 조금 가져오는 날도 있었다.

어느 날 아빠가 좀 찢어지긴 했지만 큼지막한 비닐을 가지고 돌아왔다. 한쪽 벽을 막으니 훨씬 따뜻하고 아늑했다. 어떤 날은 모닥불을 피우지 않고도 잠을 잘 수가 있을 정도였다. 겨울에는 자주 비가 왔고 온몸을 오싹하게 만드는 차가운 바람이 몰아쳐 잠을 제대로 잘 수가 없었다. 아빠와 엄마는 마이와 나를 품고 바람을 견뎠다. 바람에 파닥거리는 비닐 소리에 바람이 얼마나 사나운가를 알 수 있었다. 그런 밤은 더 느리게 갔고, 아침에는 허리를 제대로 펴지 못했다.

엄마는 예전 얼굴로 돌아왔지만 여전히 말을 하지 않았고, 잠시 머물기로 한 그곳에서 보름이 다 되도록 밖에 나가지 않았다. 대부분 담요를 머리끝까지 쓰고 앉아 마이와 내가 하는 짓을 물끄러미 바라보았다.

어느 날 밤늦게 돌아온 아빠가 배낭에서 닭 두 마리를 꺼냈다. 마이와 나는 동시에 소리를 지르다 입을 틀어막고 아빠를 바라보았다. 엄마도 놀란 얼굴이었다. 아빠가 닭 키우는 농장에서 일을 했는데 품삯으로 받은 거라고 했다. 아빠에게 일을 하도록 허락한 닭 농장 주인이 너무 고마워 눈물이 날 뻔했다.

아빠는 닭에 물을 넉넉히 붓고 푹 삶아 마이와 내게 닭다리를 하나씩 주었다. 나와 마이는 뼈다귀를 빨고 빨고 또 빨다 결국 깨물었다. 떠돌이 개 두 마리가 와서 넘보았지만 개들은 뼈다귀 맛도 못 봤다. 아빠는 닭 한 마리를 남겨 두었다. 우리는 뜨거운 닭 국물을 후르릅 들이마셨다. 먹을 것이 남아 있다고 생각하니 행복했다.

뒤에 안 사실이지만 아빠가 가져왔던 그 닭은 병이 들어 죽은 닭이었다. 병이 돌아 농장 닭들이 죽었는데, 아빠는 그 닭을 실어다 땅에 묻는 일을 했고, 닭 두 마리를 몰래 가져온 것이었다.

"별 이상이 없었으니 다행이지."

한참 지나서야 아빠가 사실을 털어놓았다. 어찌되었건 우리는 그 닭을 먹었고 부자가 된 기분이었다.

아빠는 하루도 쉬지 않고 나갔다 저녁에야 돌아왔는데, 감자 한 개라도 꼭 가지고 왔다. 우리는 아빠가 무슨 일을 했는지 묻지 않았다.

어느 날 밤이었다. 잠을 자던 아빠가 소리를 지르며 벌떡 일어났다. 달빛에 비친 아빠 얼굴에 땀이 맺혀 있었다. 아빠는 나쁜 꿈을 꾸었다며 나를 끌어안고 다시 누웠지만 잠을 자는 것 같지 않았다. 아빠 이마가 달빛에 번들거렸다.

"아빠, 울어?"

아빠가 내 손을 꼭 쥐었다. 나는 손이 조금 아팠지만 가만히 있었다. 아침 해가 중천에 떠 있을 즈음 일어나 보니 아빠는 보이지 않았고, 마이는 엄마 곁에 붙어 무어라고 흥얼거리며 종이를 접었다 폈다 했다. 엄마는 마이의 긴 머리를 손으로 쓸어내리며 누워 있었고, 나는《코란》을 읽기 시작했다. 해가 머리 위에 있을 무렵 아빠가 돌아와 불을 지폈다. 그리고 남은 닭 한 마리를 냄비에 넣어 불을 피우며 떠나자고 말했다.

마이는 또다시 옷가지와 살림도구 사이에 들어가 아빠의 등짐이 되었고, 나는 엄마와 한몸이 되어 서로 기대어 걸었다. 등짐을 지고 신발을 끌며 걷는 아빠의 뒤로 뿌연 먼지가 일었는데 엄마의 걸음이 느려 아빠를 앞지를 수 없었던 우리는 그 먼지 속을 걸어야 했다. 등짐을 진 아빠의 굽은 등 위에서 마이는 "아빠, 힘들어?" 하고 물었다. 그럴 때마다 아빠는 닭고기를 먹어 힘이 불끈불끈 솟는다고 했다. 반나절만 걸으면 집을 얻을 수 있다며 걸음을 재촉한 아빠는, 짐을 가득 싣고 사막을 걷는 낙타 같았다.

난민촌은 내가 태어나 처음 만난 세상이었다. 아빠는 그곳 생활을 떠올리고 싶지 않다고 했다. 전쟁에 나가 다리까지 잃을 뺀했고 고향에서 내쫓긴 신세가 되었지만 아빠는 고향을 버릴 수 없다고 했다. 아빠가 싫어하는 난민촌에서 나는 배가 많이 고팠고 두려웠다. 그런데 나는 그곳에 대한 기억을 많이 간직하고 있다. 고향을 지키지 못한 사람들은 어떻게 되는 것일까. 나는 팔레스타인 사람인가 이라크인인가 미국인인가. 이라크에서 태어난 팔레스타인 미국인?

삼촌의 이름은 심슨이다. 영주권을 받으면서 미국식으로 바꾼 이름이었다. 고향으로 돌아갈 수 없다면 어디서건 행복감을 느끼며 살 수 있어야 한다는 게 삼촌의 한결같은 생각이었다. 삼촌은 아빠와 내 이름을 바꾸도록 설득했다.

"이름이 뭐 그리 중요한가?"

아빠가 무심히 말했지만, 아빠가 절대 이름을 바꾸지 않을 것이라는 것을 나는 잘 알고 있다.

⋮

나는 모하메드의 이야기를 듣는 동안 그 세세한 상황 묘사에 몇 번이나 놀랐는지 모른다. 작가라고 해도 그보다 잘 표현할 수는 없을 것 같았다. 모하메드에게 꿈이 뭐냐고 물었다.

"부모님 모시고 평범하게 사는 거요. 그게 제 꿈이에요."

코끝이 찡했다. 모하메드는 성실하게 일할 거라고 했다. 그래야 가족이 편히 살 수 있다면서. 이제 겨우 열일곱 살인데, 속이 꽉 차 있는 모하메드. 고생을 많이 하며 일찍 철이 든 것이다.

⋮

황량한 벌판을 반나절 걸어 시리아의 알 왈리드 난민촌에 도착했을 때, 우리에게 비어 있는 천막 하나가 배당되었다. 노인이 살던 곳이었다. 천막 안에서 고약한 냄새가 났지만 찌릿한 오줌 냄새보다는 나았다. 소독을 해서인지, 눈이 시렸다. 노인이 쓰던 살림들이 좀 있었지만 살림이래야 몇 개 되지 않았다. 그래도 전깃불이 들어오고 바람을 막아 주는 천막이라도 있으니 다행이라고 생각하며 저녁을 먹으려 할 때였다. 수염이 덥수룩한 아저씨가 천막 안으로 들어서며 자신이 압둘라라고 밝혔다. 어디서 왔느냐, 왜 이곳으로 왔느냐는 등 꼬치꼬치 캐물었다.

밀가루에 콩을 넣어 끓인 스프가 식어 가고 있을 무렵, 아저씨는 요즘 자주 사람이 죽어 나간다는 얘기를 하고서 돌아갔다. 순간 아빠의 표정이 굳었다. 아빠는 들고 있던 스푼을 내려놓고 노인이 쓰던 담요며 살림살이를 하나씩 밖으로 꺼냈다. 그리고 압둘라 아저씨 손수레를 빌려 물건을 싣고 나갔다. 노인의 물건을 꺼내고 나니 천막 안이 텅 비었다. 솥이 하나, 양은 그릇 네 개, 숟가락 네 개, 플라스틱 함지박과 옷가지가 전부였다.

압둘라 아저씨는 전쟁에 두 아들을 모두 잃었고 딸은 과부가 되어 어린 딸과 난민촌에 살고 있었다. 압둘라 아저씨의 아내 파티마 아줌마는 기침을 쉬지 않고 했는데 큰병에 걸린 것 같았다. 아저씨와 아줌마는 우리 가족을 좋아했다. 초대해 음식을 주고 말린 무화과와 오렌지도 주었다. 나는 무화과 한 개를 먹고 한 개는 주머니에 넣어 왔다. 마이는 오렌지 씨앗을 가지고 와서 화분에 심었다.

아저씨는 고향 팔레스타인에 큰 오렌지 농장을 가지고 있었다. 오렌지 수확도 제대로 하지 못한 채 쫓겨났다는 아저씨는 그 오렌지를 그리워하며 살고 있었다. 전쟁터에 나간 큰아들이 어느 날 전화를 걸어, 자신이 죽은 뒤 울지 말고 하늘을 보고 미소 지어 달랬다는 압둘라 아저씨의 말에 파티마 아줌마는 울었다. 압둘라 아저씨는 아줌마에게 핀잔을 주었고 아줌마의 기침은 계속되었다. 아저씨는 반드시 고향으로 돌아가겠다고 말했다.

"자식과 손자들이 언제까지 난민 신세로 살게 할 수는 없지요."

아빠가 힘주어 말했다. 조국을 위해 총을 든 젊은이들이 점점 늘고 있다는 아저씨의 말에 아빠 표정이 밝아졌다. 내 나이 열한 살이 될 무렵이었다. 전쟁이 가짜 총을 들고 하는 놀이와는 다른 것이라는 것 정도는 알고 있는 나이였다. 우리는 압둘라 아저씨 부부의 도움을 받아 가며 그곳에 조금씩 적응하고 있었는데 여름이 한창일 무렵 많은 사람이 죽었다. 난민촌 내의 병원은 있으나마나라고 입버릇처럼 아빠가 말했다. 전염병이 돌고 있었다. 아빠는 우리에게 밖에 나가지 말라는 다짐을 받아 두곤 했다. 우리는 아빠 말대로 꼭 물을 끓여 먹고 집안을 깨끗이 하고 살았다.

어느 날 밤, 엄마의 비명에 온 가족이 놀라 잠에서 깼다. 쥐 때문이었다. 아빠는 이리저리 잘도 빠져 나가는 쥐를 잡으려고 했지만 결국 잡지 못했다. 마이와 엄마는 잠이 들면 쥐가 나올까 봐 제대로 잠도 못 잤다. 잠을 자고 있던 어떤 아기의 귀를 쥐가 뜯어먹었다는 얘기를 들었기 때문이다. 나는 되도록 아빠 옆에 바짝 붙어 모자를 쓰고 잤다. 다음 날 아빠는 쥐덫을 구해 빵부스러기를 올려놓았다. 쥐의 비명 소리를 듣고 불을 켰을 때 비쩍 마른 늙은 쥐 한 마리가 덫에 다리가 눌린 채 버둥거리고 있었다. 어떤 집에서는 쥐를 잡아 요리를 해 먹기도 한다는데 아빠는 죽지 않고 다리만 부러진 쥐를 쥐덫에서 꺼내 버렸다. 그 뒤로도 쥐들은 끊임없이 천막 안으로 들어왔고 아빠는 쉬지 않고 쥐덫을 놓았다.

아빠는 고양이를 한 마리 키우고 싶어했다. 우리도 대찬성이었지만 고양이를 키우는 것은 식구 한 명이 더 느는 것이니, 쉽게 결정할 수가 없었다. 쥐를 먹고살 수 있는 고양이라면 고양이 먹이에 대해서는 그리 걱정하지 않아도 될 텐데 아빠는 고양이가 쥐를 먹는 것을 볼 수 없었을 것이다. 아무것도 없는 우리 집에 뭐 먹을 게 있다고 쥐가 들어오는지 이해할 수 없었다. 그런데 먹을 것이 있었다는 걸 뒤늦게야 알았다.

마이는 보물 상자를 하나 가지고 있었다. 병뚜껑과 예쁜 천 조각, 해바라기 씨도 있었고 언젠가 압둘라 아저씨 집에서 얻어 온 말린 무화과 열매도 있었다. 마이는 자신의 상자 옆에 구멍이 나 있는 것도 모르고 있었다. 무화과 열매와 해바라기 씨가 없어진 것을 알았을 텐데도 말이다. 쥐들이 한 짓이었다는 것을 안 마이가 조금 울었다. 마이는 무화과와 해바라기 씨가 없어진 것을 이미 알고 있었는데 그것을 내가 먹고 시침 떼고 있는 줄로 알았다는 것이다. 동생 해바라기 씨나 훔쳐 먹는 비겁한 오빠로 남을 뻔했다고 생각하니 어이가 없었다.

마이의 오렌지 씨앗이 어느 날 싹을 틔워 사이다 병만큼

자랐다. 마이는 오렌지나무를 천막 입구에 놓은 뒤 자주 문을 열고 확인했다. 햇볕을 쪼이려는 것이었다. 그런데 어느 날 밤, 화장실에 가던 아빠의 발에 걸려 화분이 깨지고 말았다. 부러지다시피 한 오렌지나무를 발견한 마이는 통곡하듯 울었다. 아빠는 미안해 어쩔 줄 몰랐다. 아빠는 오렌지나무를 세워 헝겊으로 묶어 주었고 오렌지나무를 위해 기도하겠다고 마이와 약속했다. 마이는 아침저녁 오렌지나무에 알아들을 수 없는 말로 마법을 걸었는데 거짓말처럼 오렌지나무는 죽지 않았다.

그런데 그날, 옆집 파티마 아줌마가 죽었다는 소식이 왔다. 우리는 슬픔 속에 있는 압둘라 아저씨를 위해 무슨 일을 할

〈유엔난민기구〉는 어떤 역할을 할까?

〈유엔난민기구〉의 주요 임무는 난민들에 대한 보호와 지원을 하고 그들의 인권이 보장될 수 있는 국제적 환경을 조성하는 것이다. 1951년 7월 28일 채택된 '난민의 지위에 관한 유엔협약'에 의하면, 난민은 "인종, 종교, 민족, 특정 사회 집단의 구성원 신분, 또는 정치적 의견을 이유로 박해를 받아 국적국의 보호를 받을 수 없거나, 공포로 인해 국적국의 보호받기를 원하지 않는 자"를 뜻한다.

〈유엔난민기구〉는 비정치적인 기구다. 그렇지만 〈유엔난민기구〉의 임무 중 하나는 난민 발생을 억제하고 그들이 평화로운 삶을 영위할 수 있는 환경을 조성하는 것이다. 긴급구호뿐 아니라 난민들의 본국 귀환, 제3국 정착, 현지 통합 등 빠른 시일 내에 경제적 자립을 할 수 있도록 개발 지원 단체들과 공동의 노력을 기울이고 있다.

〈유엔난민기구〉는 난민들의 안전한 본국 송·귀환을 위해 노력을 기울이며 실향민 보호에도 적극적으로 나서고 있지만, 대부분의 경우 해당 국가의 정부에 의해 활동이 제한된다. 이처럼 정부가 개입하는 이유는 난민의 개인적인 고충과 난민 발생으로 인한 사회적 문제가 성격이 서로 다르기 때문이다.

난민의 지위를 부여하는 것은 수용 국가의 주권 사항에 해당하는 정치적인 것이다. 그룹 혹은 집단에게 주어지는 것이 아니라 개인에게 주어지는 것이다. 대규모 난민의 유입은 국가 안보와 지역 안보에 위협이 될 수 있다. 따라서 난민 문제는 자국 내의 정치·사회적 요인 등으로 정치적 무관심의 영역으로 밀려나기도 한다.(참조: 세계평화인물열전)

수 있을까 생각했다. 아저씨가 아줌마의 물건을 정리하며 마음에 드는 것이 있으면 가져도 된다고 말했다. 마이는 아줌마의 머리빗과 거울, 팔찌 세 개를 집어 들었다. 나는 아줌마를 기념하기 위해 아줌마가 읽었다는 《코란》을 가졌다. 엄마는 옷가지와 신발 등을 챙겼다. 그러고 나니 버릴 게 아무것도 없었다.

아저씨는 음식을 전혀 할 줄 몰랐다. 아줌마가 죽고 난 뒤부터 자주 굶는다는 것을 알고 우리는 가끔 아저씨를 초대했지만 음식다운 음식을 내놓을 수가 없었다. 아저씨는 배급으로 나오는 먹을거리와 생필품을 몽땅 우리 집으로 가져오곤 했다. 전쟁터에 나가 죽은 두 아들의 몫까지였다. 우리는 아저씨가 가져온 물건 때문에 갑자기 부자가 되었다. 아빠도 아저씨를 의지했고 아저씨도 아빠를 의지하며 서로를 위했다. 아저씨와 아빠는 서로 얼굴만 대하면 고향 이야기였다. 그래서 나는 가 보지 못한 아빠의 고향에 있는 것처럼 살았다.

그러던 어느 날 미국 시민이 된 아빠의 사촌 형이 아빠를 찾고 있다는 얘기를 들었다. 아빠가 전화 통화도 했다는 말을 듣고 우리는 너무 놀랐다. 아빠의 형이 우리를 데려가겠다고 했다는 것이다. 믿을 수 없었다. 나는 어디로 또다시 떠난다는 것이 두려웠다. 아빠 입에서는 금방이라도 휘파람 소리가 날 것 같았다. 그날부터 아빠는 우리에게 미국 이야기를 자주 했고 누구한테도 말해서는 안 된다며 입단속을 시켰다.

"이곳에서는 더 이상 꿈을 꿀 수 없어!"

나는 늘 안절부절 못 했다. 집중이 되지 않았고 자꾸 눈을 깜박거렸다. 이제 어디로 떠나지 않아도 될 것이라고 생각했는데 떠난다니 너무 두려웠다. 이제 겨우 시작한 학교와 새로 사귄 친구, 압둘라 아저씨도 떠나야 한다는 뜻이었다.

천막 교실의 작은 문에 눈을 대고 나를 보고 있던 아빠와 눈이 마주친 어느 날, 아빠는 내게 밖으로 나오라는 신호를 보냈고 나는 아빠를 무시한 채 수업이 끝날 때까지 자리에 앉아 있었다. 아빠는 수업이 끝나기를 기다렸다가 나를 끌고 갔다. 나는 친구들에게 떠난다는 말도 못 했다. 아빠가 비행기 티켓을 보여 주었다. 사우디아라비아를 거쳐 미국으로 가는 비행기였다.

가져갈 것은 아무것도 없었다. 마이는 자신의 허리만큼 자란 오렌지나무를 압둘라 아저씨에게 주었다. 압둘라 아저씨는 갑자기 집을 나서는 우리를 이해할 수 없다는 표정이었다. 하지만 우리가 떠나는 것은 사실이었다. 그렇게 우리는 알 왈리드 난민촌을 떠났다.

날마다 기도를 하고 《코란》을 읽어도 아빠의 병은, 우리의 삶은 조금도 나아지지 않았다. 나는 아빠가 읽던 《코란》을 숨기고, 기도도 안 했다. 그저 하루하루를 살아갈 뿐.

엄마는 식당에 나가 늦게까지 그릇을 닦았다. 식당 일을 하는 게 얼마나 힘들까. 엄마를 생각하면 학교를 그만두고 일을 더 많이 하고 싶지만, 공부를 계속해야 한다는 아빠의 부탁을 거절할 수가 없었다. 학교를 마치면 아빠를 대신해 목수 일을 배워 볼 생각이다.

이제 아빠 몫까지 일을 하며 우리 가족을 돌봐야 한다. 동생 마이의 공부도 끝까지 시킬 것이다. 마이는 아주 똑똑하다. 전국 수학 경시 대회에 주 대표로 나가 우승을 했다. 나는 공부보다는 일이 더 재미있다. 일하며 기타도 치고, 노래도 부르며 평범하게 살고 싶다. 난민촌에서는 상상할 수 없었던 생활이다.

⋮

모하메드는 기타 치며 노래할 때 즐겁다고 했다. 힘든 일이 있을 때 기타를 치며 노래를 하면 마음이 고요해진다고. 밴드에서 모하메드의 노래를 처음 들었을 때, 깜짝 놀랐다. 목소리에 울림이 있었다.

모하메드는 방학 동안 내내 식료품 가게 일을 마치면 우리 집에 와서 어울렸다. 그러다 다운타운에서 야외 공연을 하겠다는 계획을 세웠다. 아들과 모하메드, 위는 곡을 정하고 진행 프로그램을 만들면서 신이 났다. 위령의 아빠가 찾아온 게 바로 이 공연이었다.

그날, 여덟 곡 정도를 연주하고 모하메드는 앵콜 곡으로 영화 〈슈렉〉의 "할렐루야"를 불렀다. 가슴이 찡했다. 모하메드가 "life is wonderful"을 부를 때는 모두가 후렴구를 따라 불렀다. 힘든 시간을 견디며 살고 있는 모하메드가, 삶이 너무 멋지다고 노래하니까 더 감동적이었다. 노래를 하면서, 모하메드는 "아무리 힘이 들어도 살아야 해. 견뎌 내야 해." 하면서 마음을 추스르는 것 같았다.

"life is wonderful"을 만든 제이슨 므라즈 할아버지는 체코에서 온 이민 3세 미국인이다. 노랫말이 흥미롭다.

건물을 세우려면 바닥이 필요하고,
달걀을 얻으려면 닭이 있어야 해.
말을 하려면 생각이 있어야 하고,
일이 되게 하려면 일을 해야 하고,
만족을 하려면 먼저 나쁜 일도 있어야 해.

다른 하나를 가지려면 하나를 희생해야 하고,
사랑에 빠지는 것은 금방이지만 사랑을 아는 데는 몇 년이 걸려.
소리를 만드는 데는 고요가 있어야 하고,
진리를 찾기 전에는 상실이 필요해.
길을 가려면 길이 있어야 하고, 배려하려면 고통이 따르지.
인생은 의미로 가득해.
인생은 멋져, 정말 멋져.
랄랄랄라 라랄라 life is wonderful,
랄라랄라 라랄라 life goes full circle,
랄랄랄라 라랄라 life is wonderful,
라라라 랄랄라 life is meaningful~

'너는 멋지게 살고 있단다. 삶이란 아주 멋지거든. 아무리 힘든 일이나 슬픈 일이 있어도 포기하지 마. 의미로 가득 차 있는 멋진 삶을 살자.'

이렇게 응원해 주는 노래다.

모하메드 또한, 사는 게 힘이 들지만 인생은 멋진 것이라고 스스로를 응원하고 있었던 것 아닐까? 노래를 통해, 살아갈 힘을 얻고 있는 것처럼 열정적으로 노래를 불렀다. 그렇게 노래에 몸을 맡겼던 모하메드를 잊을 수가 없다.

공연 전에 약간의 해프닝도 있었다. 공연을 준비하는 동안, 글쎄, 모하메드가 약을 해서 걸렸다는 것이다. 지난번 위와 싸웠던 체이스와 테드가 케이크에 약을 넣어 몇몇 아이들에게 주었고, 아이들은 그걸 모른 채 먹었는데 그중에 모하메드도 있었다.

"정말 몰랐어요. 체이스가 케이크를 주길래 먹었을 뿐이에

요. 그 케이크를 먹고 나면 기분이 좋아지긴 했죠. 돈을 주면 케이크를 더 주었어요. 저 말고도 몇 명이 그렇게 했어요."

학교에서 일 년에 한 번 약물검사를 하는데, 그때 모하메드에게서 양성 반응이 나왔다. 경찰에서는 약을 공급한 체이스와 테드를 데려갔고 나머지 학생들은 노인복지 시설 등에서 사회봉사와 치료를 받으라는 명령을 받았다. 그 일로 학교가 한바탕 뒤집혔다. 나도 아들에게 단단히 일렀다. 유학생이 대마초를 피우거나 코카인을 쓰다 걸리면 감옥에 가거나 추방되기 때문이었다. 미국에서는 대마를 쉽게 살 수 있다. 과잉행동장애가 있는 아이들은 병원에서 받은 처방전으로 약을 구입해 친구들에게 팔기도 했다. 극도로 집중력을 필요로 하는 시험 기간에 특히 잘 팔렸다.

다행히 모하메드는 약물에 중독되지 않았다. 학교에서 걸리지 않았다면 계속하다 중독이 되었을지도 모른다. 모하메드는 이 일이 알려지자 학교를 그만두겠다고 했다.

"학교를 그만두겠다고 했더니 삼촌이 제 뺨을 때렸어요. 아빠, 엄마 생각을 하기는 하는 거냐고요. 엄마는 동생을 붙들고 울었고, 아빠는 침대에 누워 꼼짝하지 않았어요. 케이크를 먹었지 약을 먹은 게 아니었다고, 아무리 얘기해도 삼촌은 믿지 않았어요. 제게 크게 실망하셨죠. 전학을 시키겠다고 했어요. 하지만 전 학교에 가지 않을 거예요. 일을 해서 돈을 더 벌어야 해요. 학교에 가는 대신 일을 하면 돈을 더 많이 벌 수 있으니까."

모하메드는 아빠를 대신해 가장이 될 결심을 하고 있었다. 아빠도 엄마도 치료를 받으려면 일을 더 많이 해야 한다면서 말이다. 나는 모하메드에게 학교를 마치면 좋겠다고 말했다. 일 년만 더 다니면 될 텐데 지금 그만두는 건 좋은 생각이 아니라고. 공부해야 할 시기를 놓치면 안 될 것 같았다. 아마 모하메드 부모나 삼촌도 나와 같은 생각이었을 것이다. 지금 좀 힘이 들어도 하던 공부를 마친 뒤 일을 해도 된다고 했지만, 고집이 대단했다. 모하메드는 공부보다 소중한 게 많고, 바로 지금이 소중한 것들을 지켜야 할 때라고 말했다. 나는 할 말을 잃었다.

그때부터 모하메드는 학교에 가지 않고 식료품 가게 점원이 되었다. 밝은 얼굴로 즐겁게 일했다. 노래는 계속할 거고, 노래도 만들고 있다며 오히려 내 등을 토닥거리곤 했다. 내가 위로의 말을 하려 했는데 오히려 날 걱정했다. 그렇게 말하는 모하메드를 보니 더 슬펐다. 모하메드의 가족을 생각하면 더 그랬다. 모하메드는 일주일에 하루만 쉬었고, 일이 끝나면 우리 집에 자주 왔다. 공연을 위해 많은 시간을 멤버들과 보냈다. 한번은 피자 한 판을 들고 온 모하메드가 이렇게 말했다.

"아파트 월세도 낼 수 있어 좋아요. 돈이 모이면 아빠를 병원에 모시고 갈 거예요. 열심히 일하면 주급도 올려 준다고 했어요. 그러면 엄마도 식당 일 안 해도 돼요. 그러니 모든 게 잘 된 거죠. 게다가 이렇게 노래도 하고 피자도 사 올 수 있잖아요! 다 잘 될 거예요!"

코끝이 매웠고 눈물이 차올랐다. 모하메드가 짠하고 안쓰러우면서도 대견했다. 언제까지 삼촌 도움을 받을 수는 없다고, 삼촌도 언젠가는 지칠 거라며 독립해야 한다는 모하메드. 평범하게 살아가고 싶은 이 아이의 꿈이 이뤄지게 해 달라고, 나는 지금도 빌고 있다.

4장

언제나 다른 곳을 꿈꾸지

미국 이민 3세
김정민

정민이는 한국에서 온 유학생이었다. 엄마가 세상을 뜨자, 아빠는 새 아내를 맞이했다. 세 살배기 여동생과 일곱 살이었던 정민이는 중학교까지 새엄마 밑에서 자랐다. 여동생은 친엄마 얼굴을 모른다. 그런 여동생은 새엄마를 무척 따랐으나 정민이는 그러지 못했다. 새엄마와 마찰이 잦자 정민이는 중학교를 마친 뒤, 미국 낙스빌에 있는 외가로 왔다. 외할아버지는 주유소를 했고, 외할머니는 정민이를 잘 키우려 애썼다. 특히 외할머니는 아침부터 저녁까지 정민이의 스케줄을 관리하며 정성을 다했다. 욕심이 아주 많은 분이셨다. 오직 정민이의 성공만을 바라며 산다고 하셨다.

할머니의 뜻에 따라, 정민이는 클라리넷, 피아노, 테니스 등의 레슨을 받았고 교사를 집에 들여 과외를 받기도 했다. 할머니는 정민이에게 명문대에 반드시 가야 한다는 말씀을 늘 반복하셨다. 손녀를 데려다 반듯하게 키웠다는 소리를 듣고 싫어하셨다.

정민이는 그런 할머니에게 불만이 많았다. 정민이는 내 딸과 친구 사이였는데, 괴로운 심정을 딸에게 자주 토로했다. 한국에서 학원 다니기 싫어 미국으로 왔는데, 한국에서보다 더 쉴 틈이 없게 만드는 할머니와 자주 다투고 있었다. 할머니가 늘 강조하는 것은, "남의 나라에 뿌리를 내리고 살려면 다른 사람보다 몇 배 더 공부하고 노력해야 한다"는 것이었다.

좋은 대학에 가서 취직하고 영주권을 받으려면 한가하게 놀 시간이 없다는 할머니 때문에 숨이 막힐 지경이라고 미국에 온 걸 후회하고 있었다.

할머니가 태워다 주는 자동차를 타고 학교에 오고 가며, 악기 레슨, 오케스트라, 공부에, 하루 종일 할머니의 시야에서 벗어날 수 없는 생활이 지옥 같다는 것이다. 친구 집에 가는 것조차 허락을 받고 할머니가 태워다 주는 자동차를 타고 가야만 하는 자신의 처지를 하소연하는 날이 많아졌다.

어느 날, 정민이는 할머니에게 자동차를 한 대 사 달라고 했다가 난리가 났다. 그런 일은 절대 없을 테고 있을 수 없는 일이라며 화가 난 할머니가 내게 전화를 하셨다. 손녀를 생각하는 할머니의 마음을 십분 이해하지만 정민이 사정도 딱하니 좀 고려해 주시면 좋겠다는 부탁을 했지만 요지부동이셨다. 딸을 잃은 것도 억울한데 자동차를 운전했다가 무슨 일이라도 나면 어쩌느냐, 자동차를 가지고 쓸데없이 돌아다닐 것 아니냐, 온갖 민족들이 사는 나라에서 밑바닥 인생을 살 거냐, 공부는 언제 하느냐……. 한 꾸러미의 훈계와 잔소리를 듣는 바람에 정민이는 크게 실망했다.

정민이는 서서히 미쳐 가고 있는 중이라고 말했다. 대중교통을 이용하는 게 쉽지 않은 생활환경이다 보니, 친구 집을 방문하는 일은 우주선을 타고 화성에 다녀오는 일만큼이나 어려운 일이었다. 미국에서 열여섯 살은 보호자와 동승 하에 공식적으로 운전을 할 수 있는 나이이다. 공립학교가 아닌 사립

학교에 다니는 대부분의 고등학생들이 자동차를 가지고 다닌다며, 아무리 설득을 해도 할머니의 고집은 꺾을 수 없었다. 정민이는 나에게 할머니를 설득해 줄 것을 거듭거듭 당부했다. 하지만 할머니는 물러서지 않았다.

정민이와 팽팽히 맞서던 할머니가 어느 날 집을 나갔다. 정민이를 향한 시위였다. 할아버지는 정민이를 질책하셨다. 친구 집에 머물고 있던 할머니가 나를 부르셨다. 정민이를 설득해 달라는 것이다. 정민이와 대화를 시도했지만 정민이 마음에 불을 붙이는 꼴이 되었다. 정민이는 더 이상 할머니와 살지 않겠다고 선언했다. 할머니가 자신을 데리고 온 목적이 자신을 위한 것이 아니라며 소리쳤고, 방문을 걸어 잠근 뒤 먹는 걸 거부했다. 해결의 실마리가 보이지 않았다. 할머니는 할머니대로, 정민이는 정민이대로 자신의 생각을 굽히지 않았다. 할아버지는 손녀딸 잘 키워 보겠다고 데려와 집안 꼴이 말이 아니라며 탄식하셨다.

정민이는 학교에 가지 않았다. 휴대폰을 꺼 둔 채 밖으로 나오지 않는 정민이 때문에 노부부의 마음은 타들어 갔다. 할아버지는 집에 분란이 끊이지 않는 이유를 뜰에 서 있는 커다란 플라타너스 때문이라며 괜한 나무를 베셨다. 끼니도 끊고 방문을 잠근 정민이는 이틀째가 되어도 꼼짝하지 않았다. 할머니는 전화를 붙들고 내게 신세타령을 했다. 괜히 데려와 홍어 속이 되었네. 제 어미에게 못다 준 사랑을 주려고 애쓰는 마음을 몰라주네. 적적함을 달래기는커녕 집 안에 평화가 깨졌네……. 끝도 없는 푸념을 늘어놓으셨다. 새벽부터 나가 주유소를 하는 것도 정민이를 대학까지 가르치기 위해서인데 그 마음을 몰라준다는 것이다.

정민이 또한 힘든 시간을 보내고 있었다. 할머니의 지나친 간섭과 통제 때문에 친구들과 교제도 어려워 외톨이가 되어 갔다. 스스로 고립된 것이 아니라 노부부의 염려와 과보호가 정민이를 친구들로부터 멀어지게 했다.

정민이와 할머니의 전쟁은 정민이의 단식이 사흘째 되던 날 끝이 났다. 할아버지는 정민이 방 창을 밖에서 뜯기 시작했다. 노부부는 결국 정민이에게 중고차 한 대를 사 주었고, 정민이의 운전 연습에는 할머니가 동승했다. 열여섯 소녀가 운전하는 자동차 옆 좌석에 앉아 운전 코치를 하는 일흔한 살의 할머니는 매일 심장이 장아찌가 되어 죽음의 경계를 넘나든다고 하셨다. 제 명에 못 살 것이라는 푸념으로 정민이 차를 타고 집에 돌아오던 저녁이었다. 길을 건너던 사슴 한 마리가 정민이 차에 부딪쳤고, 사슴을 피하려던 정민이 차는 나무를 들이받고 도랑에 처박혔다. 사슴은 죽었고 할머니는 크게 다쳐 병원에 입원하셨지만 생명에는 지장이 없었다. 정민이의 부상은 크지 않았다.

〈동물보호협회〉에서는 정민이에게 벌금을 부과해 사슴 죽음에 대한 책임을 물었다. 할머니는 오랫동안 병원에서 나오지 못하셨다. 정민이는 할머니에 대한 죄의식 때문에 방황했다. 할아버지의 냉대 또한 심각했다. 모든 게 정민이 때문에 엉망이 되었다고 할아버지는 말했다. 정민이를 위해 쓰려고 모아 두었던 많은 돈은 할머니 병원비에 쓰였고, 할아버지는 주유소를 팔겠다고 내놓았다. 정민이의 학교 성적은 자꾸 떨어졌다. 할머니의 관리 하에 생활했던 정민이는 혼자 할 수 있는 일이 없는 것처럼 보였다. 주말마다 참석하던 한국인 커뮤니티에도 나오지 않았다. 학교 축제에도 참석하지 않았고, 파리한 얼굴로 벌판에 서서 벌벌 떨고 있는 겨울나무 같았다. 그런 정민이가 어느 날 나를 찾아왔다.

"돌아가고 싶어요."

가슴이 철렁 내려앉았다. 올 것이 왔다고 생각했다. 작정하고 걸어온 길을 되돌아 나가는 건 쉽지 않은 일이다. 정민이는 마음을 붙일 곳이 없는 것처럼 보였다. 그 어느 곳에도 마음 둘 곳이 없다는 것. 얼마나 헛헛하고 불안한지를 나는 잘 알고 있었다. 더구나 내 편이 없다는 말에 가슴이 졸아드는 것 같았다. 얼마나 두렵고 무서웠으면 그럴까 싶었다. 두려움을 두려워하지 않는 것이 자신을 이기는 것이라고 말해 준들 얼마나 그 말이 위로가 될까.

"한국에서와 다른 삶을 살겠다고 유학을 결정했다면, 그 마음을 다시 한번 다져 보면 어떨까?"

젊은 나이에 세상을 떠난 딸을 생각하며 손녀를 잘 키워 보려고 애쓰는 할머니의 마음을 딱 한 번만 들여다보고 결정하자고 말했다. 정민이는 자신 때문에 외조부모의 평온하던 삶이 엉망이 되었다며 자책하고 있었다.

병상에 계신 할머니는 온통 정민이 걱정이었다. 할머니의 관심을 집착이라고 비난하던 정민이가 할머니를 조금만 더 이해해 준다면 얼마나 좋을까. 세상을 떠난 엄마를 생각해서라도 할머니의 손녀에 대한 마음이 어떠할지 딱 한 번만이라도 생각해 주길 진심으로 바랐다.

한국에 돌아가도 별로 달라질 게 없을 것이라고 정민이는 말했다. 새엄마는 자신을 원치 않는다는 것이다. 그런 정민이에게 외가가 있다는 건 크나큰 위로였다. 타국이지만 외조부모가 계신 곳이니 삶이 더 나아질 것이라고 생각했단다. 천덕꾸러기라고 생각했는데, 두 분 곁이라면 새로운 삶을 펼쳐 볼

수 있을 것 같았단다. 이 세상 모든 불행은 자신의 것이라고 생각했다. 햇볕 한 점 들지 않는 응달에 서 있는 자신을 아무도 봐 주지 않고 이끌어 주는 이도 없어 정민이는 미국으로 왔다. 다시는 응달에서 혼자 떨지 않겠다고 다짐하며 발붙인 곳이 외가였다.

"그런데 이곳도 다를 게 없네요. 이 세상에 내 편이 없다는 게 이런 것인가요? 우울해요."

마음에 슬픔이 가득해 보였다.

"어디에서건 마음을 정하면 되는 거야. 응달에 서 있다고 생각하면 몸이 추워지지만, 지금, 여기, 내가 서 있는 곳에 햇살이 비추고 있다고 생각하면 몸이 따뜻해진단다."

정민이가 고개를 끄덕였다. 내 말을 조금 받아들이는 것처럼 보였다. 파리하던 얼굴에 화색이 조금 도는 것 같아 내 마음이 따스해졌다.

한국에 돌아가 다시 시작하겠다고 정민이는 말했지만, 그리 쉽지 않을 것이다. 왜냐하면 미국에 올 때도 다시 시작하겠다는 마음으로 왔을 테니까.

"어딜 가나 삶은 자신이 만든 거야."

정민이는 잠자코 듣고 있었다. 이 세상 기댈 곳 하나 없다고 생각했던 정민이 외조부모를 의지해 새롭게 시작하려고 했지만, 백기를 든 상태였다. 이래서 안 되고 저래서 안 되고, 이런저런 이유를 가져다 붙이며 자신의 상태를 합리화시키는 데 바쁜 것 같았다.

"너에게 외가가 없었다면 넌 어떤 선택을 했을까?"

정민이를 비난하려는 게 아니었다. 세상 어디론가 숨고자 했을 때, 갈 곳이 없었다면 정민이는 어떤 선택을 했을까? 궁금했다. 내 물음에 정민이는 난감한 표정을 지었다.

"아마, 다른 선택을 했겠죠."

우리가 최선이라며 선택한 것이 얼마나 좋은 결과를 가져다줄 수 있을까? 누구나 선택 앞에서는 좋은 결과를 먼저 떠올리는 게 당연한 것이다.

"그런데 결과가 좋지 않을 수도 있지. 네 선택처럼 말이야."

선택이 항상 좋은 결과를 가져올 수는 없을 것이다.

"우리는 그 잘못된 선택을 실수라고 해. 누구나 그런 실수를 하지. 하지만 그 실수를 통해 또 다른 실수를 하지 않으려고 애쓰는 게 인간이야. 그런 실수가 반복되며 내공이 쌓이고, 그러다 보면 실수가 줄게 되겠지. 그럼 세상을 사는 게 조금은 수월해지지 않을까?"

"어떻게 그럴 수 있어요?"

"그게 고통을 달래는 순서가 될 수도 있어. 끊임없이 네 자신에게 말을 걸어 봐. 마음이 좀 여유로워질 거야."

"가끔 할머니를 보면 참 안됐다는 생각이 들어요."

자신은 엄마를 잃었지만 할머니는 자식을 잃었으니 할머니도 자신처럼 많이 아팠을 것이라며. 그렇게 말하는 커다랗고 예쁜 눈에 눈물이 핑 돌았다. 정민이는 말을 잇지 못하고 한동안 가만히 있었다.

"엄마를 잃은 네 아픔과 자식을 잃은 할머니의 아픔을 저울에 달면 어느 쪽으로 기울까?"

"아마 제 쪽으로 기울지 않을까요?"

정민이가 겸연쩍게 웃었다. 누구나 자신의 아픔에 집중하니까. 내 슬픔이, 내 고통이 그 누구보다 커 보이고 깊은 상처로 보이는 법이다.

"할머니도 너만큼 아프실 거야. 어쩌면 너보다 더 아프실지 몰라."

"엄마를 잃은 아이의 슬픔만큼 이 세상에 큰 슬픔은 없을 거예요."

"할머니는 할머니의 엄마도 잃었고, 할머니의 딸도 잃었잖아. 그러니 슬픔이 두 배 아닐까?"

그 말에 정민이가 조금 웃었다. 그런 개그는 처음이란다. "세상에 남겨진 어린 손녀를 생각하며 할머니는 더 고통스러웠을 것"이라는 말에, 눈물이 주르륵 정민의 볼을 타고 흘렀다.

한참을 소리 없이 울던 정민이가 한숨을 폭 내쉬었다. 할머니를 원망하며 이 세상 고민을 혼자 다 짊어진 것처럼 웅크리고 있더니. 눈물을 쏟고 난 정민이는 한결 편안해 보였다.

"어딜 가나 마음이, 행동이 삶을 만드는 거야."

정민이가 고개를 끄덕인다. 내 말을 조금은 받아들인 것으로 나는 이해했다.

"가던 길에 확신이 서지 않을 땐, 멈춰서 가던 길을 돌아보고 호흡을 가다듬어 다시 걷는 거지. 나도 그러고 있는 중이야."

정민이도 일어서 다시 걸어야 한다는 걸 알 것이다. 정민이가 다시 주저앉아 있지만은 않을 것이라고 나는 믿었다.

"누구나 절뚝거리며 가는 거지 뭐. 완전한 사람은 없어."

정민이 푸우! 가슴 밑바닥에 가득 차 있던 뜨거운 바람을 쏟아내며 살짝 미소 지었다.

"한국에 갈 거니?"

나는 정민이의 표정을 꼼꼼히 살피며 물었다. 한동안 대답이 없던 정민이가 말했다.

"진지하게 자신에게 물어볼게요."

정민이는 서두르지 않고 생각할 시간을 좀 더 갖기로 했다.

병상에 계신 할머니에게 더 이상 충격을 주는 건 좀 잔인하다고 말하는 걸 보니, 마음에 좀 여유가 생긴 것 같았다.

"정민아, 네 마음에 시간을 주고, 천천히 가자. 천천히 가자. 주문을 외워 봐."

나는 그랬다. 마음이 혼란스럽고, 결정이 어려울 때마다 그렇게 마음속으로 웅얼거리고 나면 한결 여유로웠다. 정민이에게 그 처방이 도움이 되었을까? 정민이는 쌌던 짐을 풀었고, 차근차근 자신의 자리를 찾아가는 것처럼 보였다. 할머니를 이해하려고 애쓰는 것 같았고, 할머니의 품을 벗어나 주체적인 삶을 살아 보려고 노력했다. 그리고 마침내 〈U. C 버클리〉에 들어가며 독립했다.

어느 날 정민이가 "생각이 행동을 만들고, 행동이 삶을 만든다."는 말을 마음에 새기며 산다고 내게 말했다. 고맙고 또 고마웠다.

이민과 불법 체류, 뭐가 다를까?

이민은 3개월 이상 삶의 근거지를 다른 나라로 옮기는 것을 정의한다. 취업, 교육, 생활 수준 등의 차이로 더 좋은 기회를 찾아 자발적으로 이동하는 자발적 이민이 있고, 자연재해, 전쟁, 탄압, 납치 등의 이유로 강제적으로 떠나게 되는 비자발적 이민이 있다. 난민, 유민, 인신매매 피해자 등은 비자발적 이민에 해당한다.

따라서 이민은 일시적 이민과 영구적 이민으로 구분된다. 일시적 이민은 단기간 외국에 체류했다가 귀국하는 단기 계약 근로자, 계절 노동자, 순환 이주 노동자, 해외 유학생 등이 있다. 반면 영구적 이민은 영구 정착을 목적으로 출국하는 경우로 결혼, 투자, 가족 결합 등이 있다.

규모에 따라 개인 이민과 집단 이민으로 구분할 수 있다. 개인 이민은 취업, 유학, 가족 결합의 경우이고, 집단 이민은 자연재해, 전쟁, 탄압 등의 이유로 민족 또는 국민 일부가 집단 수준에서 이동하는 것이다.

한민족의 경우, 일제강점기 때 수많은 민족이 만주로 집단 이주했다. 그러나 1937년 낙후된 지역을 우리 민족의 노동력에 의해 개간한다는 목적 하에 17만 명이 넘는 한인이 중앙아시아(우즈베키스탄. 타자흐스탄, 키르키스탄)로 강제 이주당했다.

불법 체류는 체류국의 출입국 관계 법령을 위반하면서, 자국 이외의 외국에서 불법적으로 체류하고 있는 상태를 말한다. 대한민국 법무부가 2014년 발표한 통계 자료에 따르면 대한민국 내 불법 체류자는 모두 208,778명으로 전체 국내 체류 외국인 1,797,618명 중 11.6퍼센트다.

불법 체류 외국인(참조: 법무부, 네이버)

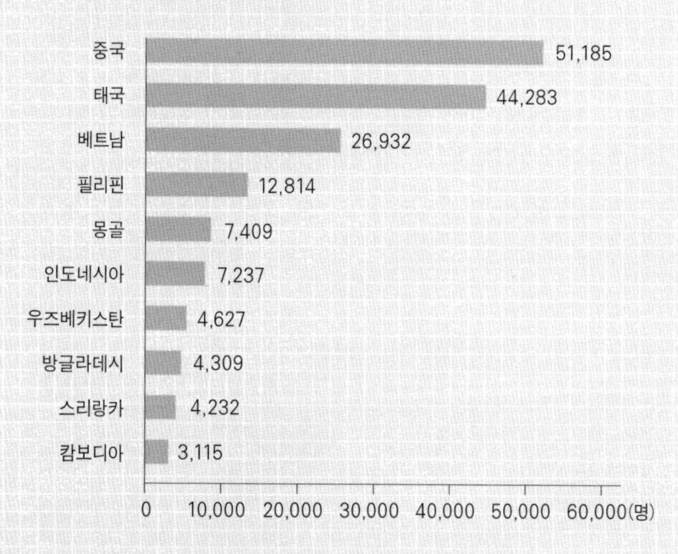

5장

섬은 여기에도 있어

왕따 중학생

선우

선우는 이제 중학교 1학년이 된 내 조카다. 일하는 엄마와 친구처럼 지내는, 아주 활달하고 사교적인 소녀다. 앞머리에 '구루뿌'(컬링핀)를 말고 입술에 발그레한 틴트를 바르는 사춘기 소녀로, 춤과 노래에도 끼가 다분한 아이. 가족 행사에는 "동남아 공연을 마치고 방금 돌아온 김선우 양의 최신 히트곡과 춤 공연이 있겠습니다."며 사촌 동생들과 어울려 무대를 만들고 가족 행사의 분위기를 띄운다.

즐겁게 사는 게 인생의 목표라며, 공부도 혼자 한다. 학원이라고는 영어 학원을 고작 한 달 다닌 게 전부다. 초등학교 시절엔 '어머니 같은 마음으로 학교와 친구들을 돌보겠습니다.'라는 피켓을 들고 나가 전교 회장이 되었고, 중학교에 들어갈 때는 배치 고사 1등에 신입생 대표 선서까지 하고 들어갔다.

구김살이라고는 찾아볼 수 없는 순수하고 당찬, 그런 선우에게 시련이 닥쳤다. 친하게 지내던 친구들이 왕따를 시킨 것이다. 하루아침에 돌변해 자신을 피하고 속닥거리는 친구들의 냉랭한 태도에 선우는 몸서리를 치기 시작했다. 알고 보니 초등 시절부터 사이좋게 지내 왔던 같은 반 남자아이를 여자 친구 한 명이 좋아했던 모양이다. 그 남자아이와 거리낌 없이 지내는 선우가 눈엣가시가 된 것이다. 얘기를 만들어 퍼뜨리고, 그 얘기는 부풀려 나갔다. 선우는 반 아이들이 쏘아 대는 화살을 받아 낼 재간이 없자, 아침마다 배가 아프기 시작했고, 학교에 가서도 양호실에 누워 있는 시간이 많았다.

결국 그 사실이 엄마에게 알려졌고, 담임과 상담 교사와의 면담이 이루어졌다. 선우를 따돌렸던 친구들은 담임이 보는 앞에서 선우에게 사과했지만, 그저 말뿐이었다. 아이들의 따돌림은 계속되었다. 그때 유일하게 말을 걸어 주고 선우 곁에

있어 준 한 아이가 있었다. 필리핀 엄마를 둔 마리앤, 한국 이름은 임경은이다. 경은이를 두고 아이들은 "다문화"라고 불렀다. 경은이와 선우는 서로 의지했다.

중간고사를 마친 선우의 성적은 중간을 밑돌았다. 선우는 학교에 더욱 흥미를 잃었고, 마침내 선우 문제로 가족회의가 열렸다. 홈스쿨링, 유학, 대안 학교 등 다양한 방안을 모색하기에 이르렀다. 나는 선우에게 초등학교 다닐 당시 왕따를 당한 내 경험을 들려주었다.

친구들이 나를 왕따시킨 이유는 그들과 다른 차림새를 하고 다녔기 때문이었다. 유난히 자식들을 꾸며 입히기 좋아하셨던 엄마 때문에 나는 친구들과 다른 머리 모양과 복장을 하고 다녀야만 했다. 상고머리에 멜빵 치마, '란도셀' 가방을 메고 흰색 스타킹에 운동화를 신고 다녔는데, 아이들은 그런 나를 놀이에 끼워 주지 않았다. 나는 교실 창에 붙어 아이들이 밖에서 하는 고무줄놀이를 부러워 죽겠는 심정으로 바라보곤 했다. 아이들은, 용용 죽겠지? 하는 표정으로 나를 힐끗힐끗 쳐다보았다. 우울했다.

하루는 아이들이 내 운동화를 학교 똥통에 빠뜨리는 바람에 선생님이 준 까만 남자 고무신을 신고 집에 돌아와 울기도 했다. 고무신을 사 달라며 떼를 썼는데, 할아버지는 코가 달린 색동 고무신을 사 주셨다. 그걸 보고 친구들은 또 마구 웃었다. 나는 학교에 가기 싫었다. 공자 철학에 빠져 계신 할아버지 교육관 때문에 결석을 한다는 것은 꿈에서나 가능한 일이었다. 결국 나는 아이들과 노는 것을 포기했고 혼자 노는 데 익숙해졌다. 친구들이 깔깔거리며 노는 모습을 더 이상 지켜보지 않기로 했다.

혼자 지내는 시간이 많아지니 할 수 있는 게 많았다. 어느 날 내 마음을 사로잡은 도서관. 그 엄청난 책들을 만나러 수업만 끝나면 도서관으로 달려갔다. 친구들이 눈에 들어오지 않았다. 간절히 놀이에 끼워 주기를 바랐던 내 존재가 사라지자 아이들은 좀 실망한 것 같았다. 놀이쯤이야 뭘! 책과 바꿀 수 없지! 그렇게 마음을 먹고 나니 친구들이 무얼 하든 시시했다. 친구들처럼 고무줄놀이나 사방치기는 못했지만, 많은 책을 읽을 수 있었다. 동화책은 물론이고 어린이 백과사전까지 보기 시작했다. 도서관에는 온갖 흥미로운 이야기와 지식이 가득했다. 작가가 된 것도 순전히 그때 읽었던 책 덕이다. 왕따를 당한 덕에 이 정도 사람 구실을 하고 있다고 생각할 때가 많았다.

십 대 청소년들이 친구들의 따돌림으로 고민하고 목숨을 잃기도 한다. 청소년 자살률 1위는 단연코 중학생이다. 어린 이 시기를 겨우 벗어난 아이들이 집단 따돌림을 감당하기에는 엄청난 고통이 따른다. 오죽하면 중학교 당시 따돌림을 당했던 아이가 청년이 되어 자신을 왕따시켰던 친구를 찾아가 살인을 했을까? 더욱 놀라운 건, 그 친구가 친구를 왕따시켰던 사실을 모르고 있더라는 것이다. 재미로 그랬을 것이라는 그 말, 그 말에 피해를 당했던 친구는 살인을 하고 말았다. 재미로 친구를 따돌렸다는 그 말, 그 재미로 한 일 때문에 청년은 살인을 했고, 친구는 살해당했다. 집단이 재미로 친구를 왕따시키는 것, 그것은 엄연한 범죄다.

조카 선우는 학교를 그만두지 않겠다고 말했다. 자신이 학교로부터 멀어질 이유가 없다는 분명한 이유를 말한 뒤 학교에 갔지만, 여전히 배가 아팠고, 양호실을 찾아야만 했다. 그렇게 한 학기가 흘렀고, 여름방학을 맞았다. 선우와 엄마는 여행을 떠났다. 오지 여행도 했고, 휴양림에 묵으며 산책과 명상도 하며 마음을 추스르고 다졌다. 그리고 돌아온 선우가 내린 결론은 '피하지 않기'였다. 무시하기로 했단다. 친구들 신경 쓰지 않고 자신에게만 집중하겠다는 것이다. 내가 들려

준 왕따의 경험이 좀 도움이 되었을까. 선우는 한층 더 성숙해진 것 같았다.

"약자를 괴롭히는 것은 자신이 나약하고 혼자가 될까 봐 두렵기 때문인 거야."

선우가 말했다. 필리핀 엄마를 둔 경은이와 선우는 더욱 가까워졌고, 공부에 집중하기 시작했다. 그렇게 마음을 먹으니 배가 아프지 않다고 말했다.

선우는 움츠러들지 않고 당당하게 학교생활을 하고 있다.

6장

평범하게 살고 싶어

필리핀에서 온 소녀
마리앤 & 경은

나는 마리앤이다. 한국 이름은 임경은. 한국에 온 것은 초등학교 3학년 때였다. 한국에 오기 전까지 필리핀에서 엄마와 살았다. 나는 한국어보다는 영어를 더 잘한다. 학교에서 영어 실력은 단연 으뜸이지만 여전히 국어는 평균 아래다.

나의 아버지는 필리핀인이다. 내가 세 살 되던 해 세상을 떠나셨다. 아버지가 죽고 엄마는 나를 데리고 도시에 나가 일했다. 이것저것 가리지 않고 일해야 겨우 먹고살 수 있었다. 내가 다섯 살 되던 해 엄마는 필리핀에서 사업을 하고 있던 한국인 사장을 만났다. 사장은 작은 사업체를 가지고 있었는데, 한국의 오토바이 헬멧을 필리핀에 공급하는 회사였다. 그러다 필리핀에 헬멧 앞 유리에 김이 서리지 않도록 코팅을 하는 작은 공장을 차렸다. 엄마는 그 사장의 집 가사도우미가 되었다.

엄마와 나는 주방에 딸린 작은 방에 살았다. 엄마는 집안

일을 도맡아 하면서 한국 음식 요리법도 배웠다. 엄마는 김치, 깍두기, 무생채와 콩나물, 가지무침 등 주로 사장이 좋아하는 요리를 배웠다. 사장은 하루 세 번 엄마가 차려 주는 한국 음식을 먹어야 살 수 있다고 했다. 나도 엄마도 한국 음식을 먹었지만, 가끔 사장이 외출할 때 몰래 필리핀 음식을 해 먹고 말끔히 치워 두었다.

사장의 공장은 잘 되었다. 그래서 꽤 넓고 깨끗한 이층집으로 이사했다. 하지만 나와 엄마는 여전히 주방 옆에 딸린 작은 방을 썼다. 창문이 없는 방에는 쪼그리고 앉아 볼일을 보는 수세식 변기가 딸려 있었는데, 화장실에 문이 없었다. 그래서 자주 방문을 열어 두어야만 했다.

사장 집에는 신기한 물건이 많았다. 냉장고, 텔레비전, 전자레인지 모두 한국에서 가져온 것이었지만 세탁기는 없었다. 엄마는 뒤뜰에 있는 수돗가에서 매일 빨래를 했다. 사장은 한 번 입은 옷은 다시 입지 않는 사람이었다. 엄마가 해 준 한국 음식을 먹고 한국 드라마를 보며 부러울 것 없이 사는 것처럼 보였다.

집 앞에는 이 층 창문에 닿을락 말락한 망고나무 한 그루가 서 있었다. 사장의 자동차를 운전하는 아저씨는 가끔씩 노랗게 익은 망고를 따서 나에게 주곤 했다. 비쩍 마르고 턱이 뾰족한, 말이 없는 사람이었는데 나를 많이 예뻐했다. 사장이 한국에 나가고 없을 때 아저씨는 나와 엄마를 차에 태워 바깥구경을 시켜 주기도 했다. 그런 아저씨가 나는 좋았다. 엄마도 아저씨를 좋아하는 것 같았다. 아저씨는 나와 엄마에게 머리핀도 사 주었고, 시원한 음료수도 사 줬다.

사장은 집에 들어오자마자 밥을 먹어야 했다. 성격이 몹시 급한 사장에게 야단을 맞지 않으려고 엄마는 늘 부엌에 서서 살았다. 사장을 태운 자동차가 출발하기 전 기사 아저씨는 엄마에게 몰래 전화로 도착 시간을 알려주곤 했는데, 아저씨의 전화를 받으면, 엄마는 음식 준비에 정신이 없었다. 나는 엄마에게 방해가 되지 않으려고 그림책 크기 정도의 텔레비전에 눈을 박고 방에 있었다. 엄마는 식사 시중을 마치고 나면 이 층에 있는 사장의 방으로 올라가 샤워를 마친 사장의 등에 오일을 발라 마사지를 해 준 뒤 내려오고는 했다. 그리고 사장이 한국 드라마를 보는 동안 팥빙수를 만들고 망고를 깎아 위층과 아래층을 오르락내리락 했다. 사장이 잠자리에 들어서야 나와 엄마는 늦은 저녁을 먹을 수 있었다. 그렇게 일 년이 다 지나고 있었다.

엄마의 배가 불렀지만 나는 엄마 뱃속에 동생이 자라고 있다는 걸 몰랐다. 음식을 많이 먹어 배가 부른 것이라고 늘 말했기 때문이다. 그런데 어느 날, 엄마는 아기를 낳았다. 남자 아기였다. 사장이 아기의 이름을 '임경주'라고 지었다. 사장은 엄마의 방을 이 층으로 옮겼다. 경주가 태어나면서 우리는 침대 생활을 하기 시작했다. 사장은 엄마의 방을 자기 방처럼 드나들며 동생을 안고 어르곤 했다. 나는 그렇게 좋아하는 사장을 본 적이 없다. 사장은 기사 아저씨에게 동생의 옷과 장난감을 사 오게 했고, 쉬는 날엔 엄마에게 새 옷을 입혀 차에 태우고 백화점 안에 있는 음식점에 가기도 했다. 그런 날이면 엄마는 곧 팔려 갈 옷을 입고 서 있는 마네킹 같았다. 나는 그런 엄마를 보면 슬퍼 눈물이 조금 나왔다. 내 나이 일곱 살이었다. 어느 날 엄마가 내게 말했다.

"사장님이 엄마와 결혼하재."

그렇게 엄마는 사장의 아내가 되었다. 사장은 엄마보다 열여섯 살이 많았다. 경주 아빠라기보다 할아버지라고 해야 할 것처럼 늙어 보였다. 나는 동생 경주와 같은 방을 쓰게 되었다.

"마리앤, 아빠라고 불러라."

사장이 말했다. 나는 속으로만 "사장 아빠"라고 불렀고, 되도록 마주치지 않으려고 피했다. 엄마는 말이 사장의 아내였지, 여전히 하던 일을 계속했고, 동생을 돌보며 전보다 더 쉴 틈이 없었다. 달라진 것이라면 이 층 방으로 올라갔다는 것, 가끔 자동차를 타고 백화점이나 공원에 가 바깥바람을 쏘이며 엄마가 싸 온 김밥을 먹는 것 정도였다. 그런데도 엄마는 예전보다 행복해 보였다. 동생 경주 때문인 것 같았다. 경주는 잘 웃었고, 무럭무럭 자랐다.

나는 동생이 생겨 심심하지 않았다. 바쁜 엄마를 도와 경주를 돌보았다. 경주는 순한 아이였다. 잘 울지 않았고 방긋방긋 잘 웃었다. 사장 아빠는 많이 바빴다. 엄마는 동생 경주와 함께 지내는 시간이 많았고, 내게 필리핀 음식을 자주 만들어 줄 수 있었다. 게다가 엄마의 부탁으로 사장 아빠는 나를 사립학교에 보내 주었다. 반듯하게 교복을 입은 나를 기사 아저씨가 학교까지 데려다 주었는데, 나는 마치 공주가 된 것 같았다. 엄마는 그런 나를 흐뭇하게 바라보며 빙긋 웃곤 했다.

그렇게 이 년이 흐른 어느 날, 엄마가 말했다. 사장 아빠가 한국으로 돌아가야 한다고. 사업이 잘 되지 않아 공장 문을 닫게 되었다는 것이다. 그렇게 말하는 엄마의 표정은 속을 알 수 없는 까만 동굴 같았다.

"그럼, 우리는?"

엄마는 대답하지 않았고 수돗가에 앉아 경주 옷가지를 빡빡 문질러 빨고 있을 뿐이었다. 그런 엄마 곁에 서서 사장 아빠는 말했다.

"한국에 가서 자리를 잡고 데려갈게. 당분간만 있어."

엄마와 나, 경주는 커다란 이층집에서 작은 아파트로 이사했다. 사장 아빠는 일 년 학비는 이미 넣어 두었으니 걱정 말라고 내게 말했다. 하지만 자동차 없이 학교에 가는 일은 쉽지 않았다. 학교는 버스를 갈아타야 갈 수 있는 먼 거리였기 때문이다. 엄마는 경주를 안고 버스정류장까지 나를 데려다주었고, 버스 번호를 잘 보고 갈아타라고 늘 당부했다. 학교에서 돌아오는 시간에 맞추어 엄마는 나를 기다렸다가 함께 집에 오곤 했다. 생활비는 사장 아빠가 주고 간 돈을 아껴 쓰고 있었다. 사장 아빠는 가끔씩 전화를 걸어 경주를 바꿔 달라고 엄마에게 말했다. "빠빠! 빠빠!" 엄마가 경주의 귀에 전화기를 대 주면 경주는 그렇게 말했다. 경주는 막 말을 배우고 있었다. "빠빠! 빠빠!" 하고 부르는 경주를 엄마는 안쓰럽게 바라보고 있었다.

그렇게 일 년이 다 되어 갔지만 사장 아빠는 필리핀에 오지 않았다. 가끔 전화를 해서 경주 목소리를 듣는 일도 없어졌다. 2학년 2학기가 시작되었지만 나는 학교에 가지 않았다. 엄마는 슬픈 얼굴로 내게 경주를 맡기고 외출하는 날이 많았다. 나는 학교 도서관에서 빌려 와 돌려주지 못했던 동화책을 경주에게 읽어 주었고, 노래를 불러 잠재우곤 했다. 그러던 어느 날 엄마가 말했다.

"한국에 나가 아빠를 찾아볼게. 되도록 빨리 돌아올 거야. 경주를 부탁해."

나는 엄마가 하는 말을 믿을 수 없었지만 그 일은 현실이 되었다. 엄마는 사장 아빠 집에서 가져온 한국산 냉장고를 열며 말했다.

"엄마 없는 동안 먹을 걸 넣어 두었어."

엄마는 사장 아빠가 경주를 안고 공원에서 찍은 사진과 경주 돌 사진을 가방에 챙겨 넣었다. 경주는 가방을 챙기는 엄마 곁에 달라붙어 떨어지지 않았다.

"빠빠를 데려올게."

엄마는 경주를 떼어 놓으며 나를 바라보았다. 엄마의 얼굴이 파리했다. 많이 긴장하고 있는 것처럼 보였다. 가방을 챙겨 나가는 엄마를 따라가려고 경주는 악을 쓰며 울었다. 엄마는, "빨리 올게, 빨리 올 거야."라는 말을 반복하며 계단을 내려갔고, 내게 절대 밖에 나가지 말라고 당부했다. 엄마는 그렇게 한국으로 떠났다.

나는 온통 엄마 생각뿐이었다. 처음 타 본다는 비행기를 엄마는 제대로 탔을까? 한국에 잘 도착했을까? 사장 아빠를 만나기는 했을까? 생각이 밀려와 잠도 잘 오지 않았다. 경주는 "마마, 마마"를 부르며 현관 앞에서 울다 지치면 바지에 오줌을 싼 채 잠이 들었다. 나는 엄마가 당부한 대로 되도록 밖에 나가지 않았다. 이틀간 현관문에 기대어 울던 경주는 내게 달라붙어 지냈다.

경주는 사장 아빠처럼 망고를 좋아했다. 그런 경주를 생각해서였을까? 엄마는 망고를 두 상자나 들여놓았다. 나는 그런 엄마가 조금 미웠다. 경주가 좋아하는 망고만 생각했지, 내가 좋아하는 파파야는 고작 두 개밖에 없었기 때문이다. 하지만 아직 어린 경주를 위한 것이니 괜찮았다.

시간이 참 느리게 갔다. 나는 엄마처럼 앞치마를 두르고 필리핀 음식을 만들어 먹어 보았다. 경주는 잘 먹지 않았다. 경주가 좋아하는 망고가 있어 다행이었다. 경주는 울다가도 망고를 꺼내 보이면 울음을 뚝 그쳤다. 어떤 날은 경주의 얼굴이 망고처럼 노랗게 보일 때도 있었다. 정말 그랬다. 경주는 얼굴이 유난히 노랬다. 사장 아빠는 얼굴이 하얀 편이었는데, 경주는 망고 껍질 같았다.

엄마는 떠난 지 일주일이 되었지만 소식이 없었다. 집에 전화기가 없으니 어디 연락할 데도 없었을 것이다. 나는 엄마가 걱정되었다. 낯선 한국 땅에서 헤매고 있는 건 아닌지 궁금한 게 많았지만 그저 경주를 돌보며 기다리는 수밖에 없었다.

사흘째 비가 계속 그치지 않고 내렸다. 나는 경주가 자는 내내 천장에서 돌아가는 선풍기 바람을 따라 빙글빙글 돌다 잠들곤 했다. 경주가 나쁜 꿈을 꾸었는지 자다가 일어나 울어 안아 주는데 바지에 설사를 한 것 같았다. 하얀 침대 시트에 노란 물이 들어 있었다. 냄새가 고약했다. 바지를 벗기려 하자 경주는 악을 쓰며 울었다. 아랫도리에 온통 누런 똥물이 묻어 있었다.

"으이, 더러워!"

나는 코를 쥐어틀었다. 망고만 먹어 대더니 망고 설사를 한 것이다. 아랫도리를 씻기며 경주의 엉덩이를 찰싹 때려 주었다. 옷을 갈아입힐 때까지 경주는 울음을 그치지 않았다. 침대에 묻은 누런 설사는 아무리 닦아도 지워지지 않았다. 방 안이 온통 똥 냄새로 가득했다. 창문을 열어 두니 빗방울이 자꾸 방 안으로 들이쳤다. 가로등 불빛 아래 파파야나무가 열매를 달고 빗물을 받아내고 있었다.

나는 파파야 잎 위로 떨어지는 빗소리를 듣는 게 좋았다. 경주의 울음소리가 빗소리에 묻히기를 바라며, 나는 두두둑

둑둑 파파야 나뭇잎에 떨어지는 빗소리를 듣고 있었다. 경주는 가끔 "끄억 끄억" 소리를 반복했다. 경주에게 얇은 이불 한 장을 덮어 주려는데 고약한 냄새가 또 났다. 머리가 띵 아팠다.

"또 쌌어?"

경주는 꼼짝하지 않았다. 망고 주스 같은 누런 설사가 경주의 바지와 침대를 적신 채였다. 옆으로 누워 있는 경주의 몸을 일으켜 세우려 했지만 경주는 일어서지 못했다. 경주를

안고 화장실에 들어갈 때까지도 경주는 울지 않았다. 눈을 감은 채 녹아내릴 것처럼. 화장실 바닥에 널브러진 경주를 흔들었다.

"경주야! 경주야!"

샤워기를 틀어 아래를 씻어 낸 후, 경주를 안아 들었다. 경주를 엄마 침대에 눕힌 후 침대 시트를 걷어 화장실에 집어 던지는 동안에도 경주는 꼼짝하지 않았다. 숨을 쉬는 건지 안 쉬는 건지 누렇게 뜬 얼굴로 눈을 감은 채 있었다. 나는 경주의 가슴에 가만히 손을 얹고 곁에 나란히 누워 말했다.

"너도 엄마가 보고 싶지?"

나는 몸을 일으켜 한동안 잠자는 경주의 얼굴을 바라보았다. 경주의 얼굴에서 사장 아빠와 엄마의 얼굴이 보였다. 나는 경주의 볼에 얼굴을 대 보았다. 경주의 얼굴이 너무 서늘했다. 손이 얼음처럼 차가워 깜짝 놀랐다.

"경주야! 경주야! 왜 그래?"

나는 경주를 일으켜 안았다. 경주의 얼굴이 푸르죽죽한 계란 노른자 같았다. 경주를 안고 있는데 내 바지가 젖고 있었다. 경주가 또 설사를 한 것 같았다. 경주는 입을 벌린 채 눈을 뜨지 못했다. 나는 경주를 마구 흔들었다.

"경주야! 경주야!"

순간 경주의 몸이 축 늘어졌다. 무서웠다. 어떻게 해야 할지 아무것도 생각할 수가 없었다. 경주에게 무슨 일이 일어난 게 분명했다. 나는 경주의 가슴에 귀를 대 보았다. 아주 느리게 숨을 쉬고 있었다. 경주의 바지를 벗기고 젖은 수건으로 몸을 닦은 뒤, 바지를 갈아입혔다. 경주는 죽은 것처럼 움직이지 않았다. 전화기라도 있으면 누군가에게 도움을 청할 수도 있을 텐데. 내가 할 수 있는 게 아무것도 없다는 생각에 눈물이 멈추지 않았다.

나는 현관문을 열고 밖으로 나갔다. 비는 같은 속도로 내리고 있었다. 엄마가 빗속을 걸어 지금 와 준다면 얼마나 좋을까. 하지만 엄마는 오지 않았다. 그렇게 얼마나 서 있었을까? 옆집 아저씨가 떠올랐다. 언젠가 등에 커다란 가방을 메고 책을 껴안은 채 지나갔던. 옆집에 분명 불이 켜져 있었다. 나는 문을 급하게 두드렸다. 전에 보았던 아저씨가 막 샤워를 끝낸 듯 머리에 물기를 털어내며 문을 열어 주었다. 좀 놀란 것 같았다.

"아저씨, 동생이 죽어요. 살려 주세요."

아저씨는 아무것도 묻지 않고 경주를 이불에 싸안고 빗속으로 뛰었다. 나도 아저씨의 뒤를 따라 뛰었다. 아저씨는 자동차 뒷좌석에 경주를 눕혔다. 나는 아저씨 옆 좌석에 앉아 부들부들 떨었다. 옷이 비에 다 젖어 있었다. 아저씨는 빠른 속도로 달렸다. 이십 분쯤 지나자 병원이 나타났다. 아저씨는 경주를 안고 응급실로 들어갔다. 나는 숨조차 쉴 수 없을 만큼 두렵고 무서웠다. 경주가 죽는다면? 엄마가 오지 않는다면? 나쁜 생각들이 머릿속을 마구 어지럽혔다.

옷에서 빗물이 뚝뚝 떨어졌다. 한참 뒤, 아저씨가 수건 한 장을 가져와 내 젖은 머리와 몸을 닦아 주며 말했다.

"장염에 걸렸대. 탈수가 심하고. 링거를 꽂았으니 걱정 마."

아저씨는 아무것도 묻지 않고 내 손을 잡아끌며 의자에 앉았다. 아저씨도 겨우 정신을 차린 것 같았다. 아저씨는 따끈한 차 두 잔을 뽑아서 내게 한 잔 주었다.

"마셔. 이름이?"

아저씨가 물었다. 아저씨는 그때야 정신이 좀 드는지 내 이름을 묻고는 예쁜 이름이라고 말했다. 그리고 자신은 식물을 연구하는 사람이라며 도울 수 있어 다행이라는 말을 덧붙였다.

"마리앤, 어려운 일을 당했을 때엔 꼭 도움을 청해야 해. 옆집, 윗집, 아랫집, 지나가던 강아지, 저기 서 있는 나무도 널 도울 수 있어."

강아지도 나무에게도 도움을 받을 수 있다는 아저씨의 말에 나는 조금 웃음이 나왔다. 아저씨도 픽 웃었다.

밤이 깊었고, 따뜻한 차를 마셔서인지 졸음이 쏟아졌다. 수액을 다 맞으려면 두 시간은 넘게 있어야 하니, 자 두는 게 좋겠다고 아저씨가 말했다. 아저씨가 내준 무릎을 베고 나는 의자에 누웠다. 얼마나 잤을까. 눈을 뜨니 아저씨가 고개를 뒤로 젖힌 채, 눈을 감고 있었다. 입을 벌리고 있는 걸 보니 깊이 잠이 든 것 같았는데, 내가 일어나자 아저씨도 눈을 떴다.

"잘 잤니?"

아저씨가 양손을 쭉 위로 뻗고 일어나 다리를 털기 시작했다. 내가 깰까 봐 오랫동안 앉아 있느라 다리가 저린 것 같았다. 아저씨가 고마웠다. 아저씨가 도와주지 않았다면 경주는 어떻게 되었을까?

경주는 나를 보자 울음을 터뜨리며 내 품을 파고들었다.

"녀석, 누나가 널 살린 거야."

아저씨가 말했다. 경주는 아저씨가 낯설었는지 내게서 떨어지지 않았다.

"경주야, 옆집 아저씨가 도와주셨어. 감사합니다, 해야지."

경주에게 그렇게 말했지만, 사실 내가 하고 싶은 말이었다. 아저씨는 경주가 이틀 정도는 병원에 있어야 한다고 말했다.

"부모님이 너희만 두고 어디 가신 거니?"

아저씨가 물었다. 나는 뭐라고 대답을 할 수가 없었다. 엄마가 언제 오실지 알 수가 없었기 때문이다. 엄마는 열흘째 오지 않았다.

"마리앤, 내가 출근을 해야 하니까, 낮에는 네가 동생 곁에 있어. 퇴근하고 가능한 빨리 올게. 그때 아저씨랑 교대하자. 할 수 있지?"

아저씨는 내가 말할 수 없는 곤란한 일이 있다는 걸 눈치챈 것일까?

"동생은 병원에서 책임을 질 테니, 우린 식당에 가자. 아침을 든든히 먹어야 하루가 가뿐하지?"

아저씨는 내 손을 잡아끌며 병원을 나와 길 건너 햄버거 가게에 들어가 햄버거 두 개와 뜨거운 우유 두 잔을 시켰다. 아침에 영업하는 식당이 많지 않다고 했다. 나는 가게에 와서 햄버거를 먹어 본 적이 없었다. 딱 한 번 집에서 먹어 봤다. 사장 아빠가 사 온 햄버거를 엄마와 먹었다. 얇게 썬 닭고기 살, 토마토, 빨간 양파, 양상추를 차곡차곡 쌓고 사이사이 마요네즈 소스를 넣은 햄버거는 엄청 고소했다. 쓴 맛을 살짝 풍기며, 씹을 때마다 사각사각 소리를 내는 양상추가 신선하게 느껴졌다. 엄마에게 그렇게 말했던 날, 엄마는 내가 요리사가 될 수 있는 사람이라고 말했다. 맛을 제대로 느끼는 혀와 맛을 느낌으로 잘 표현할 수 있으니 작가가 될 수도 있을 것이라고도 했다. 나는 엄마가 해 주었던 그 말을 아직도 마음에 두고 있다.

아저씨가 사 준 햄버거도 맛있었다. "다진 고기에 양념이 잘 들고 볶은 양파가 달콤하고 매운 맛이 살짝 섞여 있어요." 하니, 아저씨가 "우와!" 하고 감탄사를 날렸다. 뛰어난 감별사가 될 거라고 아저씨가 말했다. 감별사가 음식 맛을 맞추는 사람이라는 아저씨의 말이 좀 우스웠다. 음식 맛을 알아맞히는 직업이 어디에 필요할까? 그런데 아저씨 말에 의하면, 과자나 아이스크림, 음식을 만드는 큰 회사들은 맛 구별에 뛰어난 능력을 가진 감별사를 데려가려고 엄청난 노력을 한다는 것이다. 그러면서 내가 특별한 능력을 가진 아이라고 말했다.

엄마는 음식을 만들 때마다 내게 먼저 맛을 보였다. 그리고 싱거운지, 짠지 매운지를 물었다. 엄마는 한국 음식도 필리핀 음식도 잘 만들었다. 나는 엄마가 만든 다양한 음식을 먹고 자랐다.

"그래서 네 미각이 뛰어난 거야. 넌 아주 훌륭한 감별사가 될 거 같아."

나는 엄마의 요리 얘기를 아저씨에게 해 드렸다. 내 얘기를 듣고 난 아저씨는 칭찬을 한 보따리 안겨 주셨다. 아저씨 칭찬에 나는 기분이 좋아졌고, 특별한 혀를 가지고 있다는 내

자신이 조금 자랑스러웠다. 이제부터라도 나를 조금 아끼고 칭찬하며 살아야겠다고 생각했다.

"마리앤, 너는 아주 똑똑한 아이야. 부모님이 안 계셔도 동생을 돌보고 또 아픈 동생을 살리려고 내 집 문을 두드렸잖아. 바보처럼 울지 않고 용감하게 밖으로 나와 도움을 청하고. 게다가 뛰어난 혀까지 가진 보석이란 말이야."

아빠도 살아 있었다면 내게 꼭 그렇게 말했을 것이다. 아저씨의 마음속에는 예쁜 새들이 살고 있는 것 같았다. 파랗고 빨갛고 노란 깃털을 지닌 새들이 아저씨가 말을 할 때마다 한 마리씩 포로롱 내 마음속으로 날아왔다.

"그럼, 오늘부터 마리앤도 꿈에 대한 계획을 세워 봐. 아저씨는 출근할게!"

아저씨는 점심으로 옥수수와 양상추 샐러드, 붉은 콩 스프와 소시지가 들어 있는 좀 길쭉한 버거 한 개를 사 내게 들려주었다.

"이건 점심이야. 저녁은 아저씨랑 맛난 걸 먹자."

아저씨가 떠나고 나는 경주가 있던 응급실로 들어갔다. 그런데 경주가 보이지 않았다. 간호사 언니가 경주를 입원실로 옮겼다며 데려다 주었다. 경주는 나를 보자마자 또 울음보가 터졌다.

"누나가 널 두고 어딜 가겠어. 항상 네 곁에 있을 거야."

경주는 한결 좋아 보였다. 간호사 언니가 음식이 담긴 봉투를 보았는지 절대로 경주에게 주면 안 된다고 주의를 주었다. 경주는 내 옷을 붙들고 놓아 주지 않았다. 내가 보이지 않아 몹시 놀란 것 같았다. 나는 간호사 언니에게 물었다.

"언니, 혹시 병원에 도서관 있어요?"

경주에게 그림책을 읽어 주고 싶었고, 요리에 관한 책도 보고 싶었다. 아저씨가 해 준 말이 머릿속에 가득 차 있었기 때문이다. 간호사 언니는 육 층에 작은 문고가 있다고 말했다. 문고에서 경주에게 들려줄 만한 책 두 권을 발견했다. 건강을 위한 요리책도 눈에 띄었다. 마음에 방아깨비 한 마리가 마구 뛰어다니는 것 같았다. 무엇을 먼저 보아야 할지, 한꺼번에 다 빌려 보고 싶었지만, 요리책은 꽤 무거웠다. 그림책 두 권과 요리책 한 권을 빌려 경주에게로 왔다. 나는 경주 옆에 누워 그림책을 넘겼다.

《병아리의 이중생활》이라는 이야기에 경주는 깨르륵 킥킥대며 웃었다. 읽고 또 읽어 주었는데 경주의 주문은 계속되었다. 같은 책만 계속 읽어 달라는 경주의 마음을 이해할 수 없었다. 조금 짜증이 나려고 했다. 나는 빌려 온 요리책을 펼쳐 보지도 못하고 있었다. 그렇다고 주사 바늘을 꽂고 있는 아픈 경주에게 화를 낼 수도 없었다. 경주가 쌕쌕거리며 잠이 든 것은 점심시간이 좀 지나서였다.

나는 아저씨가 사 준 음식을 경주가 깨기 전에 먹어치워야 한다고 생각했다. 아무것도 먹지 못하는 경주가 불쌍했다. 링거를 맞고 있으니 걱정하지 말라며 간호사 언니가 링거 바늘을 새 링거 병에 갈아 끼웠다.

나는《건강을 위한 요리책》을 조심스럽게 펼쳤다. 레몬그라스와 양송이, 닭고기 살로 만든 스프였다. 레몬그라스의 향이 느껴지며 입 안에 싸한 침이 솟구쳤다. 엄마가 좋아하던 '탐얌스프'였다. 사장 아빠가 없는 날이면 엄마는 빠른 속도로

스프를 만들어 주었다.

"어머! 네가 이런 요리책을 보는 거야?"

경주의 열을 재러 온 간호사 언니는 내가 읽어서는 안 될 책이라도 읽고 있는 것처럼 말하며 책을 들여다보았다.

"네가 요리하려고? 그런데 넌 학교에 안 가니?"

간호사 언니는 엄마가 왜 안 계시니, 아빠는 언제 오시니, 어느 학교 다니니, 몇 살이니, 묻고 또 물었다. 나는 언니의 물음에 한 가지도 대답하지 않았다.

아저씨가 왔다. 아저씨는 경주의 머리에 손을 얹어 보았고, 의사를 만나고 오는 중이라고 말했다. 빠르게 좋아져 내일 퇴원할 수 있다는 말에, 경주는 알아듣기라도 한 것처럼 웃었다.

"마리앤, 내 말을 마음에 두고 있었니?"

내가 빌려 온 요리책을 요리조리 펼쳐 보며 아저씨가 물었다. 아저씨에게 마음을 들켜 버린 것 같아 좀 쑥스러웠다. 아저씨는 내가 영리한 아이라는 걸 알아보았다며 또 칭찬을 했다. 아저씨의 말은 하나하나 마음에 콕콕 박혀 씨앗처럼 싹이 틀 것 같았다.

사흘째 되는 날 병원에서 경주를 데리고 나왔다. 아저씨가 병원비를 내주었다. 엄마가 돌아오면 병원비를 갚겠다고 나는 작은 소리로 말했다.

집에 돌아와 쌀에 옥수수가루를 조금 넣어 물을 붓고 끓였다. 고소한 옥수수와 부드러운 쌀이 어울려 맛이 좋았다. 간장을 조금 넣어 주니 경주는 한 그릇을 싹 비웠다.

아저씨는 내게 《요리와 계절》이라는 책을 사 주셨다. 계절에 맞는 요리가 육십 개 정도 나와 있었다. 책을 받고 좋아하는 나보다 아저씨가 더 좋아하는 것 같았다.

"여기 있는 요리를 다 만들어 보고 싶어요!"

아저씨는 벌써 입 안에 침이 확 돈다며 우스꽝스럽게 입을 오물거렸다. 아저씨 때문에 경주가 웃었다. 나는 요리책에 나온 음식을 한 가지 만들어 아저씨에게 주고 싶었지만 재료가 없었다. 냉장고에 레몬그라스와 양송이버섯이 몇 개가 있었다. 쌀을 씻어 물을 넉넉히 붓고 버섯과 레몬그라스, 매운 고추 반쪽을 넣고 끓이다가 간장을 넣었다. 닭고기는 넣지 못했지만 쌀을 넣어서인지 부드러운 스프가 되었다. 재료가 부족해도 레몬그라스 향이 상큼했다. 나는 아저씨를 초대했다. 아저씨는 맛이 훌륭하다며 아주 좋아했다.

"요리는 창의적이고 감각이 있어야 하는 거야. 꼭 요리책대로 할 필요는 없지."

재료가 부족한 스프라는 걸 알고 내가 미안해할까 봐 하는 말 같았다. 후식으로 망고를 깎아 드렸다. 경주는 망고를 더는 먹지 않았다. 다음 날 아저씨는 나와 경주를 집으로 초대했다. 블랄로 스프를 주셨는데, 쇠고기에 죽순과 옥수수, 양배추가 들어 있었다.

엄마는 여덟 번째 생일에 사장 아빠가 나가자 내게 블랄로를 만들어 주셨다. 나는 태어나서 그렇게 맛있는 고기를 처음 먹었다. 그런 쫄깃쫄깃한 쇠고기를 엄마는 어디서 가져왔을까? 하지만 나는 묻지 않았다. 엄마는 배가 아프다며 고기를 먹지 않고 국물만 드셨다. 고기가 붙은 뼈다귀를 세 개나 내게 더 주셨고 그릇을 비우자마자 후다닥 설거지를 한 뒤 창문을 활짝 열었다. 저녁 식사를 하러 오신 사장 아빠가 구수한 갈비탕 냄새가 난다고 말했는데, 엄마는 말없이 식사 준비에만 열중했다.

아저씨가 해 주신 블랄로 국물을 떠먹으며 경주는 얼굴을 찡그렸다. 아저씨는 경주에게 쇠고기를 가위로 잘게 잘라 주며 꼭꼭 씹어 먹어야 한다고 말했다. 오랜만에 제대로 된 음식을 먹었다. 엄마 생각이 많이 났다. 엄마가 떠난 지 두 주가 지났다. 저녁을 먹은 뒤 아저씨는 두꺼운 《식물도감》을 보여 주셨다.

아저씨는, 우리 몸에 유익한 오일을 가진 열대식물을 연구하는 중이라고 말했다. 레몬그라스, 실란트라, 베티버 같은 식물에서 기름을 짜낸다는 게 참 신기했다. 식물이 자기 몸을 보호하려고 만드는 오일을 사람이 뺏어 쓴다니 식물에게 좀 미안하다는 생각이 들었다. 움직이는 것에만 관심을 가졌는데 움직이지 못하는 식물이 숨을 쉬고 자기 몸을 보호하려고 애쓴다는 아저씨 말에 나는 놀랐다. 죽은 것처럼 보이지만 살아 있는 것들이 많다는 것도 아저씨 때문에 알았다. 아저씨는 식물에게도 영혼이 있다고 말했다. 몇 백 년 된 나무에게 제사를 지내고 기도하는 것은 그 나무에 신령이 깃들어 있기 때문이라는 것이다. 한 자리에서 비와 바람을 맞으며 잎을 틔우고 열매를 키우는 나무를 생각하며 사는 사람은 많지 않다고 아저씨는 말했다. 아저씨는 그런 나무의 마음을 알고 있는 것 같았다.

"마리앤, 홈스쿨에 대해 들어봤니?"

집이 학교라는 말은 처음 들었다. 아저씨는 내가 집에서라도 공부를 했으면 좋겠다며 공부를 하면 앞으로 선택할 수 있는 게 많아진다고 말했다. 꿈을 키워 나가려면 멈추어서는 안 된다고도 했다. 내가 특별한 혀를 가지고 있다는 아저씨의 말 때문에 나는 맛 감별사가 될까 생각 중이었다. 엄마가 돌아오면 많은 요리를 해서 그 맛을 노트에 적어 둘 것이다. 요리책을 보고 요리를 하고 맛을 알아 가면 되는 줄 알았는데 아저씨는 공부를 하라며, 도와주겠다고 하셨다. 아저씨는 식물 박사니까 나를 도와줄 수 있을 것이다. 그렇게 말한 아저씨는 다음 날 책을 많이 들고 오셨다. 동화책이 제일 많았고, 수리와 지리책도 있었다.

"엄마가 오실 때까지 차근차근 해 보자."

나는 동화책이 제일 재미있었다. 경주가 들을 수 있도록 일부러 큰소리로 읽었다. 수리는 너무 어려웠다. 내 나이에 배워야 할 것이라고 아저씨는 말했지만 사실 나는 초등학교 2학년 1학기까지 마친 게 학교생활의 전부였다. 그런데 아저씨의 수리 책은 3학년 것이었다. 아저씨는 쌀이나 콩, 과일을 옆에 두고 더하고 빼고, 곱하기와 나누기도 쉽게 이해하도록 가르쳐 주셨다. 그런 아저씨 때문에 나는 수리가 좋아졌다.

아저씨는 장난감 자동차와 배도 사 오셨다. 경주를 위해서였다. 우리는 커다란 지도를 펼쳐 두고 자동차에 짐을 싣고 가고 싶은 곳을 가 보는 놀이를 했다. 어디에 망고가 많이 나는지, 파인애플이 많이 나는지도 표시해 두었다. 바닷가재와 게가 많이 나는 섬에도 배에 자동차를 싣고 갈 수 있었다. 그곳에서 우리는 수영도 하고 스노클링도 하며 산호와 성게, 여러 가지 물고기도 구경했다.

"아저씨, 홈스쿨링이 이런 거예요?"

아저씨가 깔깔 웃었다. 경주는 세 살인데도 벌써 초등학교 3학년이 된 것처럼 아저씨의 수업을 좋아했다. 나는 아저씨와 놀이처럼 하는 공부 시간이 즐거웠다.

주말에 아저씨는 경주와 나를 데리고 공원에 가 주었다. 체력 단련 시간과 현장 학습이 필요하다는 것이다. 아저씨는 공원에 있는 꽃과 나무에 대해 하나씩 설명해 주셨다. 많이 더웠다. 아저씨는 시원한 음료수를 사 주셨고, 우리는 나무 그늘에 앉아 쉬었다. 아저씨는 나와 경주를 끌고 들어가 아이들이 하는 공놀이에 함께 어울렸다. 땀을 삐질삐질 흘렸지만 팡팡 뛰는 공만큼 마음이 가볍고 즐거웠다. 돌아오는 길에 가게에 들러 햄버거와 콘 샐러드로 저녁을 먹고 아이스크림 하나씩을 들려 주셨다. 아이스크림을 핥아먹으며 우리는 걸었다. 아저씨가 내 아빠라면 얼마나 좋을까?

"아저씨, 나이가 몇이에요?"

나도 모르게 튀어나온 말이었다. 아저씨가 나를 보며 픽 웃었다.

"왜? 장가 보내 주려고?"

좀 머쓱했다. 나는 "그냥"이라고 말했다.

"고마워. 하지만 난, 이미 결혼했거든."

그것도 모르고 엉뚱한 질문을 하고 말았으니, 좀 창피했다.

"그런데 아줌마는 어딨어요?"

"저기 있네. 저어기!"

아저씨는 고개를 쳐들고 하늘을 가리켰다. 아저씨가 가리키는 검지 끝에 큰 별 하나가 반짝이고 있었다. 별을 바라보고 서 있는데 눈물이 나오려고 했다. 아줌마도 아빠처럼 별이 된 것 같았다. 아저씨도 나처럼 슬픈 별 하나를 가지고 있다고 생각하니 아저씨가 더 가깝게 느껴졌다.

아저씨는 경주를 훌렁 들어 올려 무동을 태웠다. 경주는 놀라는 것 같았으나 무서워하지 않았다. 셋 중, 키가 제일 커진 경주는 파파야 열매도 만져 보고 여물지 않은 바나나도 보며 아저씨와 더 친해졌다. 나는 하마터면 아저씨를 아빠라고 부를 뻔했다.

갑자기 비가 후두둑 떨어지기 시작했다. 아저씨는 경주를 등에 업고 뛰었고 나는 아저씨 뒤를 따라 뛰었다. 빗줄기가 굵어 얇은 옷이 금세 젖고 말았다.

"그냥 걷자. 이렇게 젖어 보는 것도 괜찮아."

아저씨는 경주를 등에서 내려놓고 손을 잡고 걸었다. 나는 아저씨의 다른 쪽 손을 슬그머니 잡고 걸었다. 아저씨가 내 손을 꼭 쥐었다. 비를 맞으며 걸어 보는 것은 처음이었다. 머

리에서 얼굴로 몸을 타고 흐르는 빗물이 땀을 씻어 아래로 흘렀다. 아저씨도 나도 경주도 비를 쫄딱 맞고 걷는 게 이상한지 우산을 쓰고 가던 사람들이 흘끗흘끗 쳐다보았다. 그런데 이상하게 나는 기분이 좋았다. 두렵지 않았다.

물웅덩이가 나타나면 우리는 들어가 첨벙첨벙거렸다. 경주가 제일 좋아했다. 아저씨가 웅덩이에 발을 턱 디딜 때마다 경주와 나는 물 폭탄을 맞았다. 경주는 재미있어 꼬꾸라질 듯 배를 움켜쥐며 깨륵깨륵 웃어 댔다. 집에 오는 시간이 너무 빨리 갔다.

"아저씨, 좀 더 걸으면 안 돼요?"

나는 아저씨와 경주 손을 잡고 아무데나 더 걷고 싶었다.

"그야 물론 조오치!"

아저씨는 우리보다 더 신이 난 것 같았다. 우리는 오던 길을 되돌아 물장난을 치며 걸었다. 경주는 가끔 몸을 부르르 떨었다. 우기에는 밤 기온이 떨어진다는 걸 깜박 잊었다. 게다가 비를 쫄딱 맞아 더 추운 것 같았다.

"이제 그만 돌아가자."

경주의 입술이 파랬다. 아저씨가 경주를 등에 업고 걸었다. 아저씨의 걸음이 빨라지는 걸 보니 아저씨도 좀 추운 것 같았다. 사실 나도 추웠다. 아파트에 들어섰는데 집에 불이 켜져 있었다. 순간 심장이 쿵! 내려앉은 것 같았다. 설마? 나는 단숨에 계단을 뛰어 올라갔다.

"엄마?"

현관문이 확 열렸고, 엄마는 나를 와락 끌어안았다. 엄마는 그렇게 가만히 있었다. 숨이 멎을 것 같았다. 뒤따라온 아저씨가 경주를 등에 업고 벼락 맞은 나무처럼 우두커니 서 있었다. 엄마가 아저씨의 등에서 경주를 받아 안으며, "미안합니다"라고 말했다. 경주는 갑자기 나타난 엄마를 보고 어리둥절해하는 것 같았다. 몸에서 빗물이 뚝뚝 떨어진 채 서 있던 아저씨는 엄마에게 까딱, 목례만 하고서 아저씨 집으로 들어갔다. 엄마는 경주와 나를 씻기고 옷을 갈아입히는 동안에도 아무 말이 없었다. 나는 경주가 아파 병원에 간 일, 아저씨가 병원비를 내준 것. 그동안에 있었던 일을 엄마에게 쉬지 않고 털어놓았다.

"정말 고마운 분이네."

옆집에 그런 분이 사는 줄도 몰랐다는 엄마는 아저씨에게 미안하고 고맙다는 말을 여러 번 하셨다. 홈스쿨링으로 현장교육을 갔다가 비를 맞고 걸었다는 말에 엄마는 입술을 자근자근 씹으며 내 머리를 쓸어내렸다.

"아저씨 때문에 행복했겠다. 엄마도 못 해 준 걸 아저씨가 해 주었네."

경주는 엄마 품에서 잠이 들었고, 나는 엄마와 밤이 늦도록 얘기를 나누었다. 나는 엄마가 왜 그렇게 늦게 돌아왔는지 궁금했다. 엄마는 내게 할 말이 없다고 했다.

"경주 아빠가 많이 아파. 그래서 필리핀에 돌아오지 못하신 거야."

사장 아빠가 자동차 사고를 당해 병원에 있다는 것이다. 척추를 다쳐 걷지도 못하고 겨우 사람을 알아볼 정도라고 했다. 엄마는 사장 아빠 곁에서 간호를 하느라고 빨리 돌아오지 못했다.

"그래서, 우리 다 한국에 가야 해."

순간, 파파야 나뭇잎에 앉아 있다 커다란 빗방울을 맞고 떨어져 흙탕물에 휩쓸려간 사마귀 한 마리가 떠올랐다. 그렇게 떠내려간 사마귀는 죽었을까 살았을까를 두고 나는 오래 생각했었다. 내가 꼭 그 사마귀 같았다.

"한국에 왜 가야 하는데? 그 사장님이 엄마한테 와서 시중 들래? 한국에 가서 자리 잡고 금방 온다고 해 놓고 연락도 없었잖아? 그런데 왜? 이제 엄마가 필요하대? 나도 다 알아. 그 사장님은 엄마랑 경주까지 버렸던 거야. 엄만 그걸 왜 몰라? 나도 아는데 왜 모르냐고!"

"마리앤, 그렇게 말하면 안 돼! 사장님은 나쁜 사람 아니야."

"아니야, 나쁜 사람이야. 나도 착한 사람 나쁜 사람 다 알아. 옆집 아저씨가 착한 사람이야. 엄마는 착한 사람하고 살아야 해."

사장 아빠에게 간다고? 그것도 병원에 누워 지내는? 그건 말이 안 되었다. 엄마는 한국에 나가 사장 아빠와 부부가 되었다는 신고도 했고, 우리 모두 한국에 들어갈 수 있게 되었다고 했다.

"네 동생은 아빠가 필요해. 네게도 아빠가 필요하고."

엄마는 그렇게 말했다. 경주는 모르겠지만 나는 그런 아빠를 원한 적이 없다. 엄마는 내가 한국에 가야 제대로 살 수 있다고 했다. 엄마는 한국에 나가면 나와 경주가 다른 삶을 살 수 있다고 말했다. 엄마의 생각은 틀렸다. 하지만 내가 엄마와 영원히 떨어져 살 수 있을 만큼 자라지 못한 게 문제였다.

엄마는 한국에 가면 좋은 게 더 많다며 한국산 냉장고, 텔레비전, 돈이 되는 것은 다 팔았다. 갈 날이 한참 남았는데 미리 짐을 싸기 시작했다. 짐이래야 뭐 별 게 없었다. 나는 짐을 싸지 않았다. 아저씨가 퇴근해 돌아오는 걸 기다렸다가 매일 책을 들고 아저씨 집으로 갔다. 그리고 아저씨가 말했던 홈스쿨링을 계속했다. 엄마도 말리지 않았다. 어느 날 엄마는 땀얌 스프를 만들어 그릇에 담아 주며 아저씨에게 감사하다는 말을 꼭 전해 달라고 했다. 스프를 받아 든 아저씨는 "감사는 뭔." 하고는 살짝 웃었다. 나는 아저씨를 집으로 초대하고 싶었다. 아저씨와 엄마가 서로 좋아해 주길 바랐다. 하지만 엄마는 남자가 없는 집에 아저씨를 초대할 수 없다고 했다. 나는 경주를 가리키며 졸랐다. 병원비도 내주고 공부를 가르치고 있는 아저씨에게 스프 한 그릇 주는 건 부끄러운 일이라고 말했다. 엄마가 피식 웃었다. 나는 아저씨를 초대해도 좋다는 뜻으로 받아들였다. 맨발로 아저씨 집에 뛰어가, 주말 저녁에 아저씨를 엄마가 초대했다고 날짜까지 정해 말해 버렸다.

엄마는 여러 가지 음식을 만들었다. 그런데 상차림을 보니 모두 사장 아빠가 먹었던 한국 음식들이었다. 나는 좀 실망했다. 엄마가 요리책에 나온 음식들을 잘 한다고 말해 두었는데 그게 아니었다. 아저씨는 경주가 좋아하는 망고 한 상자와 내가 좋아하는 파파야 두 통을 들고 왔다. 엄마는 얼굴이 홍당무처럼 되어 아저씨를 제대로 바라보지도 못했다.

아저씨는 처음 맛본다는 한국 음식이 맵다고 물을 마셔 가면서도 맛있다는 말만 되풀이했다. 아저씨는 잡채를 좋아했다. 엄마는 먹고 남은 잡채를 그릇에 담아 아저씨에게 주었고, 아저씨는 "잘 먹었습니다"를 여러 번 한 뒤 돌아갔다. 내가 아저씨를 초대한 것은 아저씨에게 밥만 먹이기 위해서가 아니었다. 참 이상했다. 재미있는 얘기도 많이 하고 잘 웃던 아저씨가 왜 몇 끼 굶은 사람처럼 밥만 먹고 갔는지.

"아저씨, 우리 엄마 한국에 가지 말라고 해 주세요. 저는 가기 싫어요."

"너도 가고 싶은 것 아니었어?"

아저씨는 뜻밖이라는 표정으로 나를 바라보았다. 나는 사실 이렇게 말하고 싶었다.

'아저씨, 우리 엄마와 결혼해 주세요.'

그런데 말이 엉뚱하게 나오고 말았다. 아저씨는 엄마의 뜻에 따르는 게 좋다고 말했다. 아저씨가 그렇게 말해 나는 좀 실망했다.

"엄마도 고민을 많이 하셨을 거야. 네 동생의 나라고, 엄마가 남편을 찾아가는 거니까. 너도 아빠가 생긴 거니 잘 된 거지."

아저씨는 지난 번 식사 때 엄마가 해 준 말을 그대로 반복했다. 그렇게 말하는 아저씨를 다시는 보고 싶지 않았다. 나는 아저씨 집에 공부하러 가지 않았다. 다음 날도 그 다음 날도.

셋째 날 아저씨가 찾아왔다. 손에 책이 가득 들려 있었다.

닫혔던 마음의 문이 아저씨를 보자 스스르 열리고 말았다. 엄마는 뜨거운 실론티를 내놓았다.

"마리앤은 특별한 능력을 가지고 있어요. 미각이 뛰어나고 표현력도 풍부해요. 제가 마리앤에게 줄 선물이 그리 많지 않네요. 한국에 가서 아이들 잘 키우며 행복하게 사세요."

아저씨는 요리책 두 권, 그리고 아저씨가 가지고 있었던 두꺼운 《식물도감》을 내게 주었다. 참 어이가 없었다. 나는 아저씨가 마음이 변해 엄마에게 '가지 말고 나와 결혼해 주세요.'라고 말하러 온 줄 알았다. 그런데 그게 아니었다. 열렸던 마음의 문이 철컥 소리를 내며 닫혀 버렸다. 나는 책을 쳐다보지도 않고 문을 쾅 닫고 방으로 들어왔다.

"모레 가신다고요? 부디 무사히 한국에 잘 정착하시길 바랍니다."

아저씨는 엄마와 인사를 나눈 뒤 돌아갔다. 나는 침대에 엎드려 꼼짝하지 않았다. 엄마가 문을 두드렸지만 그대로 있었다.

'아저씨는 박사라면서 어쩌면 그렇게 바보 같을까?'

우리는 그렇게 필리핀을 떠났다. 짐이래야 가방 몇 개가 전부였다. 내 가방이 제일 무거웠다. 아저씨가 준 책 때문이었다. 어딜 가든 그 책이 나를 지켜 줄 것만 같아 나는 책을 하나도 빼놓지 않고 가방에 넣었다. 믿고 의지할 게 아무것도 없었기 때문이다.

한국에 도착했을 때, 우리를 마중 나온 사람은 아무도 없었다. 엄마는 수첩을 들고 버스를 찾아 다녔고, 경주는 엄마 바짓가랑이를 붙들고 울상이 되어 따라다녔다. 나는 가방을 지키느라 한 곳에 붙박이처럼 서 있었다. 낯선 사람들이 지나가며 무슨 말인가를 했지만 알아들을 수 없었다.

엄마가 찾아낸 버스를 타고 우리가 도착한 곳은 수원이라는 곳이었다. 엄마는 볕도 잘 들어올 것 같지 않은 한 칸짜리 지하 방에 짐을 들여놓았다. 순간 눈물이 왈칵 쏟아졌다. 엄마가 내 손을 잡아 안으로 끌어들였다. 경주는 무슨 영문인지도 모르고 엄마 손에 끌려 따라 들어왔다. 손에 과자만 한 봉지 들려 주면 칭얼거리지 않았다. 하지만 나는 경주와는 달랐다. 열한 살이 다 된 나이였다.

"이곳에서는 잠시만 머물 거야."

엄마가 눈을 깜박거리며 좀 봐달라고 사정하는 것 같았다. 나는 눈물을 꾹꾹 눌러 마음 저 아래로 내려놓았다. 경주가 빤히 쳐다보고 있었기 때문에 더 그랬다. 동생 앞에서 운다는 게 좀 창피했다. 엄마 때문에도 그랬다. 엄마를 도저히 이해할 수 없었지만 또 이해할 수 있을 것 같았기 때문이다. 작은 냉장고, 그림책 두 권 크기의 텔레비전, 그리고 세탁기도 있었다.

엄마는 대충 가방 정리를 끝낸 뒤, 경주와 나를 데리고 나갔다. 병원이었다. 병원 문을 들어서다 말고 엄마가 내게 말했다.

"마리앤, 이제 네 아빠는 임재수 씨야. 아빠라고 불러야 해. 한국 사람으로 살아가려면."

나는 고개를 끄덕였지만, 속으로 절대 그런 일은 없을 것이라고 다짐했다. 어떻게 필리핀 사람이 한국 사람을 아빠라고 부르며 한국인으로 살아갈 수 있을까. 참 편리한 생각을 가진 엄마였다.

사장 아빠는 목과 다리에 붕대를 친친 감고 미이라처럼 누워 있었다. 사람 같지 않았다. 엄마는 경주를 끌고 침대 옆으로 가서 사장 아빠에게 작은 소리로 말했다.

"경주가 왔어요."

사장 아빠가 경주에게 손을 천천히 뻗었다. 경주는 엄마 가랑이 속으로 파고들며 울기 시작했다. 사장 아빠가 살짝 웃는 것 같았다. 나는 엄마 등 뒤에서 고개를 내밀고 끄덕, 좀 건성으로 인사했다. 사장 아빠가 엄마에게 내게 많이 컸다고 말하는 것 같았다. 나는 아무 말도 하지 않았다. 좀 무서웠다.

사장 아빠 같지 않았다. 손만 조금씩 움직였다. 사장 아빠는 경주의 머리를 힘들게 만지작거렸다. 사장 아빠를 만나고 우리는 다시 지하 방으로 돌아왔다.

"이제부터 우리는 한국 사람이야. 그러니 한국어를 배워야 해. 알았지? 이건 엄마가 사서 보았던 책이야. 외국인들이 한국어를 배우기 쉽게 만든 책이래."

엄마는 외국인을 위해 한국어를 가르친다는 센터에 찾아가 도움을 청했다. 필리핀에서 사장 아빠가 엄마에게 기본적인 한국어를 가르쳤기 때문에 엄마는 말하고 듣는 것은 크게 어렵지 않은 것 같았다.

"하지만 이 정도로는 어림없어. 이곳에서 살려면."

엄마는 센터에 나가 한국어를 제대로 배우겠다고 했다. 경주는 나이가 어리니 아이들과 어울리면 금방 배운다고 했다. 그런데 내가 문제였다. 학교에 다녀야 했기 때문이다. 쉬운 대화는 좀 했지만, 학교 공부는 불가능했다. 나는 3학년이 되어야 했지만, 1학년이 되었다. 1학년이었는데 완벽하게 읽고 쓸 수 있는 아이도 있었다. 아이들은 나와 키가 비슷하거나 더 큰 아이도 있었다. 아이들은 내가 열한 살이라는 것을 몰랐다. 한국말도 잘 못 하고 생김새가 다른 나를 이상한 눈으로 바라보며 묻곤 했다.

"너, 다문화지?"

그리고 픽픽 웃었다. 선생님은 친구에게 도움을 주는 착한 어린이가 되어야 한다고 했지만 아이들은 그렇지 않았다. 착한 어린이가 되는 것을 포기한 것 같았다.

교과 과정은 시시했다. 나는 세 자리 나눗셈까지도 할 수 있는데 아이들은 한 자릿수 더하기와 빼기를 하고 있었다. 하지만 국어는 나보다 월등했다. 받아쓰기에서 나는 항상 꼴찌였다. 어떤 날은 빵점을 받은 날도 있었다. 어린이집에 다니는 경주는 한국말을 엄마와 나보다 잘했다. 그런 경주가 나는 부러웠다. 나와 엄마는 서로 읽고 쓰기를 돕기로 했다. 그러자 받아쓰기 실력이 점점 좋아졌다. 어떤 날은 80점을 받기도 해서 아이들이 놀랐다. 우리 가족은 텔레비전에서 하는 어린이 프로를 즐겨 보았다. 덕분에 나는 듣고 말하기 실력이 좋아졌다.

엄마는 사장 아빠 병원에 매일 갔다. 간병인을 보내고 엄마가 사장 아빠 간병을 맡은 것이다. 보험 회사에서 돈이 나온다는데 돈을 아끼려고 그런 게 분명했다. 엄마는 잠깐씩 시간을 내 한국어 센터에 다녔고, 한국어 선생님이 일주일에 한 번씩 집에 찾아와 엄마와 나의 한국어 공부를 도왔다. 덕분에 한국어 실력이 많이 늘었다. 엄마는 병원에서 한국인처럼 말을 한다는 소리를 들었다며 몹시 기뻐했다.

엄마는 병실에 있는 다른 환자의 심부름도 척척하며 이것저것 가리지 않고 사람들을 도와주었을 것이다. 사람들은 그런 엄마를 '필리핀댁'이라고 부르며 칭찬했다. 엄마의 표정이 달라졌다. 예전의 엄마가 아니었다. 사장 아빠 간호를 하고 센터에 나가 한국어를 배우고 경주와 나를 돌보며 바쁘게 살았다.

여름방학이 끝나가고 있었다. 엄마는 나를 2학년으로 올려 보낸다는 전화를 받았다. 내 한국어 실력이 많이 늘었기 때문이라고 했다. 엄마와 나는 서로 붙들고 방방 뛰며 좋아했다. 그렇게 해서 나는 2학년이 되었고, 나를 바보라고 놀렸던 1학년 꼬맹이들은 여전히 1학년 2학기에 머물렀다. 나는 내가 자랑스러웠다. 2학년 교실로 들어가는 나를 1학년 아이들이 부러운 듯 바라보았다. 1학년이 월반을 했다며 아이들이 속닥속닥거렸다.

"재 다문화잖아!"

하지만 여전히 내 뒤에는 '다문화'라는 꼬리표가 따라다녔다. 나는 친구가 없었다. 학교가 끝나면 곧장 집으로 돌아와 경주와 텔레비전을 보고 한국어 공부를 했다. 경주는 한국 아이 같았다. 아니, 진짜 한국 아이, 임경주다. 경주는 친구들을 집에 데려오기도 했고, 골목에서 아이들과 어울려 잘 놀았다. 하지만 나는 그러지 못했다. 설령 친구가 있다고 해도 그 친구를 지하 방에 데려오지는 않았을 것이다. 2학년 같은 반 아이들은 나를 여덟 살 천재로 알고 있는 것 같았다. 나이가 더 많다는 걸 알게 되면 어떤 반응을 보일까? 말해 버릴까? 생각했지만 그럴 용기가 없었다. 천재에서 바보가 되었다고 아이들이 놀릴 것만 같았다. 체육 시간에 두 그룹으로 나누어 공 받기를 하는 중이었다. 어떤 아이가 말했다.

"천재는 공도 잘 받겠지?"

아이들은 나만 공격했다. 사실 나는 공이 무섭다. 몸집이 큰 남자애가 내 등에 퍽! 공을 내리꽂는 순간 나는 비틀거리며 꼬꾸라지고 말았다. 아이들이 깔깔거렸다. 선생님이 잠깐 자리를 비운 사이였다. 넘어지며 무릎이 까진 것 같았다. 까진 부위에 흙이 잔뜩 묻어 있었다. 나는 어금니를 꽉 물고 옷을 털며 일어섰다.

"공도 못 받는 천재!"

한 아이가 말했다. 아이들이 키득거렸다. 그 소리를 듣는 순간 풀어헤친 머리가 온통 하늘로 치솟는 것 같아 나는 소리쳤다.

"난 천재 아니야! 바보도 아니고!"

나무 그늘 아래에서 다른 반 선생님과 얘기를 나누고 있던 담임 선생님이 뛰어오셨다. 아이들은 아무 일도 없었던 것처럼 공 받기를 계속했다. 나는 무릎이 쓰리고 아팠지만 겨우 참고 서 있었다. 학교가 끝나고 아이들은 어깨동무를 하고 앞서 걸었고 흘끗흘끗 뒤돌아보며 무슨 말인가를 주고받았다.

'다문화, 쟤 다문화야.'

흘끔흘끔 쳐다보며 속닥거리는 아이들을 생각하니 한숨이 푹푹 나왔다. 하루하루가 힘이 들었다. 나는 오직 방학이 빨리 오기만을 기다렸다. 아이들로부터 멀어지고 싶었다. 그러는 중에도 엄마를 기쁘게 해 드리려고 공부에 집중했다. 그렇게 2학년이 끝나고 방학식이 있던 날 담임 선생님이 날 부르셨다.

"경은아, 다음 학기부터 4학년 준비를 해 오렴."

그리고 4학년 교과서를 건네주셨다. 믿을 수 없었다. 그동안 고생이 많았다며 담임 선생님은 내 손을 잡아 주셨다. 집으로 오는데 몸이 붕붕 떠 땅을 딛고 걷는 것 같지 않았다.

"경주야, 경주야, 나, 4학년이 될 거야!"

나는 현관문을 열며 소리쳤다. 경주는 텔레비전을 보고 있었다. 나는 엄마에게 전화를 걸었다. 엄마의 들뜬 목소리가 전화기를 통해 멀리 밖에까지 퍼져 나갔다. 나는 경주의 볼에, 입에 머리에 뽀뽀를 마구 퍼부었다. 경주가 제 입술을 손등으로 스윽 문질러 닦고는 텔레비전 속으로 들어갈 것처럼 다가앉았다.

"경주야, 뭐 먹고 싶어? 오늘은 누나가 뭐든 해 줄게."

경주는 서슴없이 "떡볶이!"라고 말했다. "까짓것!" 그렇게 말했지만, 집에 떡볶이를 만들 수 있는 재료라고는 아무것도 없었다. 엄마는 사장 아빠의 간호에만 매달려 있는 것 같았다. 하녀처럼 부려먹은 사장 아빠가 뭐가 좋아 그렇게 쩔쩔매는지 알 수 없었다. 엄마로부터 전화가 걸려왔다. 경주와 병원으로 오라는 전화였다. 자장면을 사 주겠다는 엄마의 목소리에서 방울 소리가 나는 것 같았다. 나는 경주에게 자장면 얘기를 하며 부리나케 나갈 채비를 했다.

병원 복도에 들어서는데, 어떤 아주머니가 나를 알아보고 반갑게 맞이해 주셨다.

"너, 간병인 딸이지? 필리핀 간병인?"

무슨 간병인? 아줌마는 경주와 내 머리를 쓰다듬고는 엄마를 똑 닮았다며 방싯방싯 웃었다.

"네 엄마가 간병인 중에서 제일 부지런해 인기가 최고란다. 네 엄마가 우리 남편 간병인이 되었으면 얼마나 좋겠니?"

아주머니는 분명 엄마를 간병인이라고 했다. 나는 아주머니가 잘 들을 수 있게 또박또박 말했다.

"아줌마, 우리 엄마 간병인 아니에요. 우리 아빠 간호하는 거예요."

아주머니는 눈을 동그랗게 뜨고 물었다.

"간병인이 아니야? 네 아빠라고? 정말이니?"

나는 경주를 등에서 내려놓았다. 동생 이름은 '임경주', 나는 '임경은'이라고, 나는 아주머니를 똑바로 쳐다보며 다시 말했다.

"얘는? 어린애가 맹랑하네! 네 엄마가 그렇게 시키든? 네 아빠라는 사람은 필리핀에서 간병인이 왔다고 말하던데?"

아주머니는, "요즘은 간병인도 수입해 오는 세상"이라며 복도를 빠져 나갔다. 순간, 천국에 있던 내 마음이 지옥으로 떨어져 불구덩이에서 지글지글 끓어 폭발할 것 같았다. 자장면이고 뭐고 아무것도 먹고 싶지 않았다. 경주가 손을 잡아끌었다. 나는 경주 손에 끌려 마지못해 병실로 들어섰다. 식사 시간이었다. 등에 베개를 두 개 받치고 있는 사장 아빠에게 엄마는 밥을 떠먹이고 있었다. 경주는 아빠라고 부르지 않았다. 머리가 하얗고 얼굴에 주름이 많은 할아버지에게 아빠라고 부른다는 건 생각만 해도 싫을 것 같았다. 나는 여전히 사장 아빠를 단 한 번도 아빠로 받아들인 적이 없다. 엄마가 속상해할까 봐 엄마 앞에서만 쓴 약을 먹다 뱉어내듯 두어 번 '아빠'라는 말을 겨우 했을 뿐이다.

복도에서 만난 아주머니의 말이 자꾸 떠올라 밥을 떠먹이고 있는 엄마 손을 확 낚아채 숟가락을 부러뜨리고 싶었다. 심장이 활활 타올라 머리에서 김이 모락모락 피어오르는 것 같았다. 사장 아빠가 사람들에게 엄마를 간병인이라고 말했을 것이다. 엄마는 그런 줄도 모르고 지극정성으로 사장 아빠 간호를 했다니! 도저히 그런 엄마를 이해할 수 없었다. 나 같았으면 코딱지를 며칠 모아 사장 아빠 밥에 섞어 주었을 텐데 말이다. 엄마는 밥을 먹여 주고 약을 먹이며 양치질까지 마친 후에야 나와 경주를 제대로 바라보았다. 자식보다 사장 아빠를 먼저 챙기는 엄마를 나는 언제나 이해할 수 있을까?

엄마는 내가 곧 4학년이 될 것이라고 사장 아빠의 귀에 대고 말했다.

"잘 되었네."

사장 아빠는 작은 소리로 딱 그 한마디를 남기고 눈을 감았다. 엄마는 이불을 덮어 다독인 뒤에야 나와 경주를 끌고 밖으로 나왔다.

"경주야, 오늘은 누나를 축하해 주자. 누나가 이제 또래들

학년이 되었잖아. 너도 축하해 줄 거지?"

축하는 무슨? 경수는 중국집 벽에 붙어 있는 텔레비전에 정신이 팔려 엄마의 말을 듣는 둥 마는 둥 만화에 빠져 있었다. 엄마는 자장면 두 그릇을 시켰다.

"엄마는?"

엄마는 경주가 한 그릇을 먹을 수 없을 테니, 나눠 먹겠다고 말했다. 그런데 경주는 한 그릇을 몽땅 먹어치웠다. 눈치도 없이 제 것을 혼자 다 먹어 치우고 내 자장면까지 넘보는 네 살짜리 녀석 뒤통수를 한 대 때려 주고 싶었다. 엄마는 휴지로 경주의 입가를 닦아 주며 피식피식 웃었다.

'제 아빠처럼 저만 아는 녀석!'

식탁 밑에서 다리를 덜렁덜렁 흔들어 대는 경주의 발을 나는 살짝 꼬집어 주었다. 경주가 "아악!" 하고 비명을 질렀다. 나는 반도 안 먹었는데 내 자장면을 바라보며 단무지를 아작아작 씹고 있는 경주가 미웠다. 경주가 남긴 자장면 그릇을 앞에 놓고 엄마는, "에구 녀석, 진짜 맛난 것만 남겼네!" 하고는 수저로 양파며 감자를 떠먹기 시작했다. 나는 면발을 젓가락에 말아 엄마의 자장면 그릇에 올려놓았다. 엄마가 펄쩍 뛰었다.

"얘, 난 배 안 고파. 병원에서 좀 먹었다니까. 맛있는 걸 남겨서 아까워 먹는 거야."

엄마는, "제대로 된 음식을 못해 줘 미안하다. 조금만 참자. 아빠가 좋아지면 방도 옮기고 새로 시작할 수 있을 거야."라며 자장면 그릇을 씻은 것처럼 깨끗이 비웠다.

"딸, 축하해. 엄마가 얼마나 기쁜지 몰라. 너도 잘 알지? 엄마가 왜 이곳에 왔는지."

엄마는 애써 웃는 것 같았는데, 눈에는 눈물이 가득했다. 엄마의 그런 눈 때문에 나는 자장면을 목에 넘기며 눈물도 꿀꺽 함께 삼켰다. 엄마 앞에서 울면 안 될 것 같았다.

"다 퍼졌겠다. 어서 먹어!"

엄마는 사장 아빠가 사람들에게 엄마를 간병인이라고 말한 걸 알고 있을까. 알고 있을지도 모른다. 엄마가 알고 있었다면, 어떻게 그런 말을 듣고 참을 수 있을까. 자기 아내를 간병인이라고 소개한 남편을 어떻게 용서할 수 있을까.

"네가 이곳에서 뿌리를 잘 내리고 네 꿈을 이루면 엄마는 다 괜찮아. 네가 원하는 삶을 살게 될 때까지 난 뭐든 할 거야."

도대체 엄마는 왜 그런 선택을 했을까. 엄마가 경주와 나를 위해 선택한 길이라고 했지만 나는 이해가 잘 되지 않았다. 나는 필리핀에서 더 행복했는데, 엄마는 그걸 왜 모를까.

"마음에 두려움이 가득 차면 할 수 있는 게 없어. 네 아빠가 세상을 뜨고 엄마는 많이 두려웠어. 움츠러들수록 사는 게 더 힘들다는 것을 그때 알았단다. 이제 그러지 않을 거야."

엄마는 내 마음을 훤히 들여다보고 말하는 것 같았다.

"필리핀에서 사장님이 우리를 도와주셨잖아. 그런 사장님이 다쳤는데 어떻게 모른 척해? 사장님은 지금 혼자야. 가족들도 찾아오지 않아. 사장님은 너와 경주를 위해 엄마와 혼인신고도 해 주셨어. 덕분에 너와 경주가 새롭게 시작할 수 있게 되었잖아?"

"날 먼저 생각했다면 한국에 오지 말았어야 해. 나는 옆집 아저씨와 엄마가 잘 되어 함께 살고 싶었어. 아저씨와 식물 얘기랑 요리 얘기도 하며, 내 꿈을 키우고 싶었단 말이야."

엄마는 한동안 말이 없었다. 경주는 만화영화가 끝나자 머리를 엄마의 무릎에 두고 잠이 들어 있었다.

"나는 사장님보다 필리핀에 있는 옆집 아저씨가 백 배는 좋아. 나를 먼저 생각했다면서 엄마는 사장님한테 왔잖아. 사장님이 부자여서 그랬어?"

"사장님은 사업이 망했어. 게다가 사고를 당해 몸이 엉망이 되었잖아. 가족들에게 버림받았고. 그런데 그런 사람을 어떻게 모른 체해? 그리고 경주에게는 아빠잖아. 사장님에게는 경주가 아들이고."

엄마는 잠든 경주의 머리를 쓸어내리며 말했다.

"예쁘잖아, 경주! 경주도 너처럼 잘 자라 주었으면 좋겠다. 엄마는 늘 너희들을 위해 기도해."

"치잇! 엄마 위해서나 해, 간병인!"

나도 모르게 튀어나온 말이었다. 순간, 엄마의 표정이 굳었다. 나는 자리에서 벌떡 일어나 밖으로 뛰쳐나갔다. 잠에 취한 경주를 업은 엄마가 따라 나왔다. 엄마에게 절대 해서는 안 될 말이었는데, 어쩌다 그 말이 튀어나왔을까. 나는 엄마를 앞서 걸었고, 경주를 업은 엄마는 걷다 쉬었다 반복하며 뒤따라 걸었다.

집에 와서도 엄마는 말이 없었다. 경주를 자리에 눕히고 여기저기 아무렇게나 놓인 물건들을 정리한 뒤 세탁기를 돌렸다. 설거지를 하면서도 아무 말도 하지 않았다. 그런 엄마의 마음이 궁금해 나는 물었다.

"엄만 그런 말 듣고도 아무렇지 않아?"

엄마는 들은 척 만 척 설거지를 마치고 걸레를 빨아 방을 닦기 시작했다. 닦을 것도 없는 작은 방을 구석구석 닦고 또 닦았다. 나는 그런 엄마를 감시하듯 지켜보며 방문 앞에 서 있었다.

"마리앤, 이리 와 앉아 봐."

엄마는 닦던 걸레질을 멈추고 '도' 음계처럼 낮은 음으로 말했다. 화가 나 있는 게 분명했다. 엄마가 화가 많이 났을 때 엄마의 목소리는 언제나 낮고 차분했다. 나는 엄마 앞에 무릎을 꿇고 앉았다. 그래야 할 것 같았다. 친구가 넘어져 피가 났을 때, 일으켜 주지 않고 엉덩이를 걷어차면 안 된다고, 엄마가 말한 적이 있었다. 나는 지금, 넘어져 피가 나고 있는 엄마의 엉덩이를 걷어찬 것일까? 나는 엄마의 마음을 확실히 알고 싶었다.

"나도 알아. 아빠가 간병인이라고 말했다는 것."

나는 아무 표정 없이 말하는 엄마를 뚫어지게 바라보았다. 그런 말을 듣고서도 사장 아빠에게 밥을 먹이고 씻겨 주었다니. 내 엄마가 아닌 것 같았다.

"엄만, 사람들이 어떤 말을 해도 괜찮아. 하지만 다시 한 번 네게 말할게. 다시는 엄마에게 그렇게 말하지 마. 이제 너도 많이 컸잖아. 사장님이 엄마를 간병인이라고 한 건, 자존심 때문이라고 생각해. 나이 들어 젊은 외국 여자와 결혼해 아이까지 낳았다고 해 봐. 사람들이 사장님을 어떻게 생각하겠어? 그러니까 그렇게 말한 걸 거야. 그러니 우리가 좀 이해해 주자. 우리는 그분보다 더 건강하잖아. 안 그래?"

엄마의 목소리는 낮은 '도'를 벗어나 '파' 정도로 올라가 있었다. 엄마는 어쩌면 '간병인'이라는 말에 나보다 더 속이 상했을지도 모른다. 아마 속으로 많이 울었을 것이다. 나는 엄마에게 미안했다. 엄마에게 그런 마음이 있는 줄 몰랐다.

"이리 와 우리 딸! 안아 보자."

엄마는 나를 꼭 끌어안았다. 엄마에게 품고 있던 나쁜 생각들이 흐물흐물 아래로 흘러내렸다. 나는 엄마보다 더 세게 엄마를 꼭 안았다.

"필리핀 아저씨가 네게 가르쳐 준 길을 찾아봐. 엄마는 네가 걷는 길을 끝까지 지켜볼게."

나는 4학년이 되었다. 방학 동안 엄마의 도움을 받아 가며 꼼꼼히 교과 준비를 했다. 엄마의 말대로 아저씨가 가르쳐 준 길을 끝까지 가려면, 가능한 나쁜 생각은 버리고 좋은 생각만 하기로 했다.

반 아이들은 학교가 끝나면 여러 학원을 다니는 것 같았다. 특별히 내게 말을 걸거나 괴롭히는 아이들은 없었다. 1학년 때부터 방아깨비처럼 뛰어 4학년이 된 나를 아이들은 "천재", 어떨 땐 "바보"라고 말한다는 걸 나는 알고 있었지만 신경 쓰지 않기로 했다. 나는 내 밥을 짓는 데도 바쁘고 힘이 들었기 때문에 남이 밥을 짓는 데까지 신경을 쓸 수 없었다. 아이들은 내 영어 실력에 놀라는 게 분명했다. 나는 영어에 그리 시간을 쓰지 않아도 백 점을 받았다. 덕분에 국어와 다른 과목에 더 신경을 쓸 수 있었다. 엄마는 참고 도서를 얻어다 주었다. 덕분에 공부가 재미있어졌다. 5학년이 되어서 교내 영어 말하기 대회에 나가 금상을 받게 되자 아이들은 내게 관심을 갖기 시작했다. 어떤 아이는 학교에서 영어로 대화를 하자고 말했고, 함께 공부하자고 말했지만 나는 그럴 수가 없었다.

어느 날, 짝꿍 현지민이 생일에 나를 초대했다. 한국에 와 처음으로 받아 본 초대였다. 나는 한국 아이들이 어떻게 사는지 몹시 궁금했다. 아이들은 선물로 무얼 살까 고민하며 내게도 뭘 샀느냐 물었다. 나는 생일 파티에 가고 싶었지만 가지 않았다. 선물을 사겠다고 엄마에게 말을 할 수도 없었지만, 어린이집에서 돌아온 경주를 돌봐야 했기 때문이다. 게다가 현지민 집에 갔다가 아이들이 우리 집에도 오겠다고 하면 곤란해질 것 같았다. 아이들을 데려오고 싶지 않았다. 사장 아빠가 마지막 자존심을 지키려고 엄마에게 간병인이라고 말한 것처럼, 나도 그랬다.

다음 날 짝꿍 현지민은 나와 눈도 마주치지 않았다. 나는 현지민에게 미안하다고 말했다. 동생이 아파서 함께 있어 주어야 했다고 했지만, 현지민은 밀수제비 같은 얇은 입술을 뾰족 내밀며 고개를 홱 돌려 버렸다. 그것뿐 아니다. 쉬는 시간마다 아이들을 모아 키득거리며 나를 흘끔흘끔 쳐다보았다.

"다문화잖아, 흥! 영어 좀 한다고 끼워 주려 했더니, 안 되겠어!"

내 귀는 옆에서 하는 말보다 멀리서 속닥거리는 말을 더 잘 듣는 신기한 능력을 가지고 있었다. 생일 초대를 받으면 어떤 일이 있어도 꼭 가야 하는 게 한국 아이들의 문화인 모양이었다. 일방적으로 초대를 해 놓고 참석하지 않았다고 비난하고 흉을 보는 아이들이었다. 마지막 수업이 시작되기 전 전아영이 카드 한 장을 주었다. 생일 초대장이었다. 아마 나를 시험해 보려고 그러는 것 같았다. 나는 초대장을 전아영에게 돌려주었다.

"거절해서 미안한데, 나 못 가. 시간이 안 돼."

나는 영어로 빨리 말했다. 전에 전아영이 내게 영어로 대화를 하자고 했던 생각이 떠올랐기 때문이다. 아이들이 전아영과 나를 동시에 쳐다보았다. 나는 다시 한 번 영어로 또박또박 말했다. 그리고 한국어로 "네가 전에 영어로 대화하자고

해서 영어로 말한 거야. 못 알아들었으면 한국어로 할게. 나, 네 생일에 못 가."

아이들이 키득거렸다. 전아영은 얼굴이 붉어져 "참! 잘났네. 다문화!"라며 홱 돌아섰다. 아이들 여럿이 전아영에게 몰려갔고, 전아영은 책상에 엎드려 울기 시작했다. 나는 잘못한 게 없는데 나 때문에 전아영이 운다고 생각한 듯, 아이들은 "칫, 칫, 웃겨! 다문화 주제에!" 하면서 제자리에 가 앉았다. 나는 속으로 외쳤다.

'그래, 난 다문화야. 너희들은 단문화라 좋으니?'

집에 돌아와 가방을 열었는데 쪽지 하나가 들어 있었다. 누가 넣었을까? 펴 보지도 않았는데 손이 떨렸다.

'니네 나라로 꺼져! 꺼지라고!'

전아영 초대장을 돌려주고 다리가 떨려 겨우 버텼는데, 나사가 풀린 로봇이 폭삭 무너져 내린 것처럼 나는 다리가 풀려 그 자리에 스르르 주저앉고 말았다. 나쁘다. 잔인하다. 무섭다. 이런 말들이 머릿속에서 뱀처럼 날름거렸다. "꺼지라고! 꺼지라고!"라는 말이 떠나지 않았다.

다음 날, 나는 학교에 가지 않았다. 정말 어디론가 흔적도 없이 펑! 아이들 말대로 사라지고 싶었다. 열이 났다. 엄마가 준 해열제를 먹었지만 열은 좀체 떨어지지 않았다. 몸이 추워 이불을 덮고 또 덮었지만 그래도 추웠다. 엄마는 사장 아빠와 나를 돌보며 병원과 집을 왔다 갔다 하느라 정신이 없어 보였다. 다음 날도 나는 학교에 가지 않았다. 열은 좀 떨어졌지만, 가고 싶지 않았다. '꺼지라'는 아이들의 목소리가 하루 종일 머릿속에 또아리를 틀고 있었다.

"너, 학교에서 무슨 일 있었지?"

엄마는 다 알고 있다며 자백을 받아 내려는 형사처럼 내 눈을 빤히 들여다보며 말했다. 담임 선생님이 엄마에게 전화를 하셨단다. 할 수 없이 나는 엄마에게 쪽지를 내밀었다. 엄마는 아랫입술을 꾹 물고 한참을 가만히 있었다.

"어떻게 하고 싶은데?"

나는 생각해 보지 않았다고 말했다. 그냥 학교에 가는 게 싫은 것이라고, 아이들의 생일 초대에도 가기 싫고, '다문화'라며 이상한 눈으로 쳐다보는 아이들도 보기 싫다고 말했다. 아이들이 꺼지라는데 꺼지지 않고 학교에 다시 가는 것도 싫다고 말했다. 엄마는 한 손을 턱에 괴고 한참을 그냥 식탁에 앉아 있었다.

"그래서 친구들 말대로 꺼지고 싶어?"

나는 딱히 뭐라고 대답하지 못했다. 그냥 아이들을 피하고 싶을 뿐이었다.

"한 번 피하면 계속 피하고 싶은 거야. 마음에 두려움이 가득하니까. 엄마는 네가 그 두려움을 두려워하지 않았으면 좋겠어."

며칠만 있으면 겨울방학이니까 아이들과 마주치는 일도 없을 것이다. 나는 되도록 열이 내리지 않길 바라면서 집에서 생각을 좀 하고 싶었다. 하지만 열은 더 이상 나지 않았다. 나는 괜히 화장실을 들락거리며 배가 아프다고 엄마에게 말했다. 설사가 나 학교에 갈 수 없다고도 했다. 거짓말이었다. 학교를 가지 않으려면 머리보다는 설사가 더 심각한 이유가 될 것 같았다. 엄마는 설사약을 사다 주었다. 엄마 모르게 약을 변기통에 버리고 물을 내렸다. 엄마는 부드러운 음식을 먹어야 한다며 브로콜리를 넣은 쌀 스프를 만들어 주었다. 사장 아빠는 나의 공갈 설사 때문에 엄마의 반쪽 간병을 받고 있었다.

그런데 사흘째 되는 날, 일이 터지고 말았다. 엄마도 없는데 담임 선생님이 불쑥 찾아오셨다. 정말 난처했다. 경주는 시키지도 않았는데 수돗물 한 잔을 컵에 받아 선생님 앞에 놓았다. 민망했다. 방이 하나뿐인 것도 창피했고 화장실에 문이 없는 것은 더 그랬다. 선생님은 목이 많이 말랐다며 경주가 가져다 놓은 수돗물을 꿀꺽 꿀꺽 들이키셨고, 고맙다며 경주의 머리를 쓰다듬어 주셨다.

"많이 아프니?"

선생님이 물으셨다. 나는 바닥에 머리가 닿을 듯 말 듯 고개를 처박은 채 앉아 있었다.

"많이 힘든 거 알아."

선생님은 내가 힘든 걸 안다고 말씀하셨다. 그런데 뭐가 힘들 것이라고 생각하신 것일까. 학교 가기 싫어 꾀병 부린 것? 선생님은 내가 꾀병 부린 것을 다 알고 있는 것 같았다.

"선생님은 네게 참으라고 하지 않을게. 상처받은 네게 참으라는 말은 못 하겠어. 하지만 앞으로 아이들이 네게 무슨 말을 하든 기죽지 말고 당당해졌으면 좋겠다. 잘못한 것도 없는데 죄지은 사람처럼 숨지 마."

선생님은 아이들이 내게 한 짓을 다 알고 계신 것 같았다. 나는 아무 말도 하지 않았다. 고자질쟁이가 되기는 싫었다.

"상처를 받았는데 또 상처가 날까 봐 몸을 움츠리면 상처는 낫지 않아. 앞으로 선생님에게 말해 줄래?"

선생님의 말은 참 따뜻했다. 혼자 아프지 말라고 하셨다. 학교에 나오지 않으니 아이들이 궁금해한다고 하셨다. 정말 그럴까? 다문화는 꺼지라고 한 아이들이 나를 궁금해한다니

믿기지 않았다. 아마도 심심해서겠지. 괴롭힐 아이가 사라졌으니까. 선생님 앞에서만 그렇게 말했을 것이다.

선생님은 방학이 얼마 남지 않았으니 학교에 꼭 나오라는 다짐을 몇 번이나 반복한 뒤 떠나셨다.

다음 날, 교실에 들어서자 아이들은 징그러운 벌레라도 보는 것처럼 나를 흘겨보며 피해 다녔다. 그런 아이들이 나를 기다렸다고?

"아팠니?"

짝꿍 현지민이 누가 시키기라도 한 것처럼 마지못해 묻는 것 같았다. 선생님이 아이들에게 뭐라고 하신 것일까? 설마 선생님이 우리 집 방문을 했는데 동생이 수돗물을 줬다는 얘기를 하신 건 아니겠지? 화장실 문짝도 없는 데서 볼일을 보며 살더라고 하신 건 아닐까? 별의별 생각이 다 들었다. 아이들은 여전히 짝꿍과 속닥거렸고, 뒤를 보고 속닥, 앞을 보고 속닥, 옆을 보고 속닥거렸다. 전아영은 여전히 귓속말의 달인이라도 되려고 작정한 듯 속닥속닥, 수군수군거리며 흘끗흘끗 나를 쳐다보았다.

"야, 크게 말해! 속닥거리지 말고!"

그런 전아영을 향해 나는 소리쳤다.

"크게 말하라고! 나도 듣게!"

그렇게 말한 자신에게 놀랐다. 어떻게 그런 말이 나왔는지 나도 모르겠다. 아이들은 나와 전아영을 번갈아 쳐다보았고 벌린 입을 다물지 못하는 것 같았다. 전아영이 벌떡 일어서 뒤를 획 돌아보았다. 하얀 백지장에 실선 하나를 그려 놓은 것 같은 작은 눈을 치뜨며 전아영이 가운뎃손가락을 쳐들고 나를 향해 소리쳤다.

"다문화! 꺼져!"

그리고 씩 웃었다. 순간 심장이 지글지글 타들어 가는 것 같았다. 나는 책상 옆에 걸려 있던 신발주머니를 집어 전아영을 향해 냅다 날렸다.

"야, 내가 촛불이냐? 꺼지게!"

아이들이 깔깔거리기 시작했다. 나도 씨익 웃었다. 아이들이 좀 놀란 것 같았다. 신발주머니를 정통으로 맞은 전아영은 신발주머니를 주워 씩씩거리며 내게 던졌다.

"야, 누가 이런 양아치 신발을 신을까? 너나 신고 꺼져!"

전아영은 악을 썼다.

"야! 그렇게 해서 쓰겠니? 이렇게 던져야지!"

나는 신발주머니 손잡이를 꽁꽁 묶어 전아영을 향해 다시 던졌다.

"다문화 신발 맛 좀 봐라!"

아이들은 책상을 다다닥 치며 교실이 뒤집어질 것처럼 깍깍 소리를 질렀다. 재미있어 죽겠다는 표정들이었다. 나는 벌떡 일어서 아이들에게 말했다.

"야, 재밌지? 언제든 말해. 꺼지지 않고 보여 줄게."

전아영은 책상에 엎드려 울기 시작했다. 시작종이 울렸고 아이들은 제자리로 돌아갔다. 담임 선생님이 교실로 들어서자 전아영은 어깨를 들썩거리며 소리 내어 울었다.

"전아영, 왜 울어? 아프니?"

전아영은 양호실에 가고 싶다고 말했다. 전아영이 짝꿍과 함께 교실을 빠져 나갔다.

"무슨 일 있었니? 무슨 일이야? 전아영이 왜 울어?"

아무도 대답하지 않았다. 수업이 시작되었지만 아이들은 집중하지 못했고 이상한 수신호를 주고받으며 키득거렸다. 나는 다시는 당하지 않고, 피하지도 않고, 집에 숨어 있지도 않을 것이라고 속으로 다짐했다. 이제 주눅 들지 않고 당당해질 것이라고 몇 번이고 다짐했다. 마음에 다시 천국이 들어앉는 것 같았다.

오후에 전아영 엄마가 학교에 왔다고 아이들은 호들갑을 떨었다. 아마 전아영이 전화를 했겠지. 그 애 엄마는 바람처럼 달려와 담임 선생님에게 따지고, 어쩌면 교장 선생님을 만났을지도 모른다. 하지만 나는 아무 일도 없었던 것처럼 수업에 집중했다. 담임 선생님은 내게 아무 말씀도 하지 않으셨다. 수업이 다 끝나고 아이들이 모두 빠져나간 뒤, 나는 그냥 책상에 앉아 있었다.

"왜? 할 말 있니?"

선생님이 다가오셨다. 선생님이 궁금해하실 것 같아 전아영과의 일을 말씀드리려던 참이었다.

"아영이에게 들었어. 폭력은 절대, 절대 안 되는 것 알지?"

선생님의 말씀은 회초리를 맞는 것보다 더 무서웠다. 전아영이 먼저 나를 화나게 한 것은 맞지만 사실 내 잘못이 더 크다는 것을 나는 알고 있다. 운동장을 빠져나와 문구점 앞을 지나는데, 웬 아줌마가 내 앞을 가로막았다.

"네가 그 애니? 필리핀?"

아줌마는 다짜고짜 내 팔을 잡아끌며 문방구 모퉁이로 데려갔다.

"네가 우리 아영이를 때렸니?

아영이 엄마였다.

"그 더러운 신발주머니로 내 딸을 때렸단 말이지? 기가 막혀 말이 안 나온다. 너는 무슨 애가 주제 파악도 못 하니?

얌전히 살아도 봐줄까 말까 한데? 너 아영이한테 정식으로 사과해. 내일, 애들이 보는 앞에서. 알았어? 왜 대답이 없어? 내 말이 말 같지 않아? 아주 못돼먹었네! 너, 내일 사과 안 하면 니 엄마 만나러 간다! 명심해!"

내 팔을 꽉 잡고 흔드는 아영 엄마 손이 나뭇가지를 꺾듯 내 팔을 확 부러뜨릴 것 같았다.

"아니, 요게 눈을 똑바로 뜨고 보네. 니 엄마가 그리 가르치던? 필리핀 교육법은 그래?"

"아줌마, 저 필리핀 사람 아니에요. 한국 사람이에요. 엄마도 한국인이고요."

어디서 그런 배짱이 나왔을까? 나는 한국인이라고 아영 엄마를 똑바로 쳐다보고 말했다.

"참 나, 말이 안 나오네. 얘 말하는 것 좀 봐. 한국 사람이라고?"

아영 엄마는 기가 차다며 할 말을 잃은 것 같았다.

"아영이가 먼저 약 올린 거예요. 아영이가 준비한 장작에 저는 그저 불만 붙인 거예요."

나는 《무인도에서 살아남기》라는 만화에 나오는 말을 아영 엄마에게 써 먹었다. 아영 엄마는 내 팔을 팽개치듯 놓고 팔짱을 끼며 빤히 나를 바라보았다.

"그러니 아영이에게 사과 안 해도 되죠? 저 가 볼게요."

나는 아영 엄마에게 고개가 무릎에 닿도록 숙여 인사를 하고 빠른 걸음으로 걸었다. 살짝 뒤를 돌아보니 아영 엄마가 계속 쳐다보고 있었다. 나는 좀 더 빠른 걸음으로 걸어 진미 슈퍼 골목으로 들어왔다. 아영 엄마가 달려와 내 목을 확 낚아챌 것만 같았다.

아영 엄마가 내 뒤를 따라오기라도 하면 안 되었다. 아영 엄마가 찾아와 엄마에게 따지고 든다면 엄마는 쩔쩔 맬 것이다. 길가에 세워 둔 옷 수선 집 간판 뒤에 나는 한참을 숨어 있었다. 아영 엄마가 멀리서 나를 보고 있다가 골목길에 들어서지나 않을까 걱정이 되었다. 아영 엄마가 내 팔을 잡아 흔들었듯 엄마 팔을 잡고 흔들면? 나 대신 엄마에게 사과를 받아야겠다고 으름장을 놓는다면? 별 생각이 다 들었다.

선생님과 헤어지며 아영이를 미워하지 않기로 다짐했는데, 아영이 엄마를 보니 아영이가 다시 미웠다. 엄마는 내게 강해져야 한다고 말하면서도 정작 아영 엄마가 따지고 들면 꼼짝없이 당하고 말 것이다. 마음이 우울했다. 나쁜 마음이 자꾸 삐죽삐죽 올라오며 마음이 지옥으로 떨어지는 것 같았다. 수선집 아줌마의 재봉틀 소리가 드륵 드르륵 밖에까지 들렸다. 옷을 수선하듯 지옥 같은 내 마음도 수선을 할 수 있다면 얼마나 좋을까. 이런저런 생각을 하며 긴 골목을 빠져나왔다.

아영이와 나는 방학식이 있는 날까지 데면데면 아무 일도 없이 지냈다. 아이들은 은근히 아영이와 나의 2차전을 기대하고 있는 것 같았지만, 우리는 싸우지 않고 헤어졌다.

겨울방학이 시작되었다. 나는 좀 더 많은 책을 읽고 싶어 버스로 몇 정거장 거리에 있는 구립도서관에 드나들었다. 재미있는 무료 프로그램이 여러 개 있어 어떤 날은 경주를 데리고 〈부모와 함께 하는 놀이 교실〉에 등록해 경주의 엄마가 되었다. 사실 경주는 텔레비전에만 빠져 있었기 때문에 방학에 경주에게 책 읽는 재미를 붙여 주고 싶었다. 경주는《별을 낚는 썬집》동화책을 좋아해 읽고 또 읽어 주었다.

밥을 김에 말아 도시락을 가져간 날은 종일 도서관에서 놀았다. 경주는 도서관에서 상영하는 어린이 영화 시간을 놓치지 않았고 만화책도 좋아했다. 저 혼자 짧은 글을 꽤 잘 읽었다. 나는 한국 역사와 세계사를 작정하고 읽어 갔다. 엄마는 종일 사장 아빠에게 매달렸다.

그렇게 겨울방학이 반쯤 지났을 무렵이었다. 사장 아빠의 상태가 좋지 않다고 엄마가 말했다. 세 번째 수술 뒤에 폐렴이랑 패혈증이 와서 중환자실에 들어갔다는 것이다. 엄마는 중환자실 면회 시간에 맞춰 경주와 나를 데리고 병원에 갔다. 사장 아빠는 산소 호흡기를 입에 쓰고 주렁주렁 링거를 달고 겨우 숨만 가쁘게 들이쉬고 있었다. 경주는 그런 아빠를 보자마자 엄마 뒤로 숨어 얼굴을 내놓지 않았다. 사장 아빠의 눈에서 눈물이 주르륵 흘러내렸다. 2주 동안 보러 오지 못했는데 비쩍 말라 있었다. 엄마는 경주를 끌어당겨 아빠 곁으로 밀었다.

"경주와 경은이가 왔어요!"

사장 아빠가 고개를 조금 끄덕이는 것 같았다. 엄마는 수건을 들고 와 사장 아빠의 눈물을 닦고 경주의 손을 아빠 손에 얹어놓았다. 겁을 잔뜩 먹은 표정으로 경주는 곧 울음보를 터뜨릴 것 같았다.

"경주야, 경은아, 아빠 힘내시게 손잡아 드려!"

경주는 아빠를 무서워하는 것 같았다. 숨을 쌕쌕거리며 반쯤 열린 눈으로 사장 아빠는 경주를 바라보았다. 나는 언제까지라도 사장 아빠를 미워할 것이라고 다짐했는데, 그런 사장 아빠를 보니 마음이 자꾸 흔들렸다. 끝까지 미워하려고 했는데, 그게 잘 안 되었다. 나는 사장 아빠의 손을 처음으로 잡아 보았다. 뼈만 남아 차가울 줄 알았는데 사장 아빠 손이 좀 따뜻했다. 사장 아빠가 손을 살짝 쥐는 게 느껴졌다. 나는 그대로 있었다. 눈물이 나왔다. 엄마가 휴지 한 장을 건네주었다. 흐르는 콧물을 닦으려는데 사장 아빠가 작은 소리로 뭐라고 하는 것 같았다.

"뭐라고요?"

엄마는 사장 아빠 입을 누르고 있는 플라스틱 마스크를 들고 귀를 들이대며 사장 아빠가 하는 말을 받아 말했다.

"미안하다고요? 알았어요. 힘드니까 더 이상 말하지 마요."

플라스틱 마스크를 아빠의 입에 잘 맞추고 엄마가 내게 말했다.

"아빠가 네게 미안하대."

엄마의 눈이 빨갛게 충혈되어 있었다. 이를 꽉 물고 눈물을 참고 있는 것 같았다. 그런데 나는 사장 아빠의 미안하다는 말보다 엄마의 충혈된 그 눈이 더 아프고 서럽게 느껴져 그만 소리를 내어 울고 말았다. 사장 아빠의 눈에서 눈물이 주르륵 흐르는 걸 보고 나는 경주 손을 잡고 병실을 나왔다.

사장 아빠는 그렇게 열흘을 견디다 세상을 떠났다. 우리는 까만 옷을 입고 장례식장에 앉아 있었지만 아무도 오는 사람이 없었다. 엄마는 연락할 사람이 많은데 일부러 연락하지 않은 것처럼 아무에게도 연락하지 않았다고 말했다. 엄마는 사장 아빠를 화장해 바다에 뿌렸다. 경주는 아빠의 뼛가루인 줄도 모르고 엄마를 따라 했다. 엄마가 나를 잠깐 바라보았지만 나는 하지 않았다. 그렇게 나는 사장 아빠를 보냈고, 다시 일상으로 돌아왔다. 보험회사에서 준 보험금은 아빠의 병원비와 장례비를 치르고 조금 남았다고 엄마는 말했다.

"그래도 우리는 살아갈 수 있어. 너희만 건강하게 잘 커 주면 돼."

엄마는 더 씩씩해진 것 같았다. 예전에 필리핀에서 온종일 사장 아빠의 식사 준비를 하고 집안일을 하며 기죽어 살던 그런 엄마가 아니었다. 엄마는 남은 보험금을 보태 지하 방에서 연립주택 2층으로 방을 옮겼다. 방이 두 개였다. 햇볕이 잘 들어 빨래도 잘 마를 것이라고 엄마는 좋아했다. 화장실이 좁아 변기에 앉을 때는 옆으로 앉아 볼일을 봐야 했지만 그래도 문이 있으니 참 다행이었다. 마음이 목화솜처럼 가볍고 따뜻했다.

6학년이 되었다. 아이들은 학교가 끝나면 대부분 학원으로 향했다. 아직 중학생이 되지 않았는데, 중학교 과정을 준비하는 것 같았다. 다들 바빴다. 나는 한가했지만 방과 후에는 곧장 집으로 돌아왔다. 노골적으로 나를 괴롭히는 아이들은 없었지만, 그렇다고 가까이 지내려고 하는 아이들도 없었다. 아영이는 다른 반이 되어 있었다. 복도에서 마주치면 고개를 홱 돌리고는 친구들과 흘끔흘끔 쳐다보며 걸어갔다. 여전히 화가 풀리지 않은 것 같았다. 나는 상관하지 않기로 했다.

엄마는 아빠 간호를 하며 병실에서 만난 어떤 아주머니의 소개로 갓 돌이 넘은 아기 돌보는 일을 하게 되었다. 맞벌이를 하는 젊은 부부의 집이었는데 아침 여덟 시부터 오후 일곱 시까지 일했다. 엄마가 나보다 일찍 출근하는 바람에 나는 경주를 깨워 씻기고 밥을 먹여 어린이집 차에 태워 보낸 뒤 학교에 가야만 했다. 경주는 아침마다 일어나지 않으려고 떼를 써 어린이집 버스를 놓치는 날이 많았다. 경주를 어린이집에 데려다 주고 학교에 가는 날은 여지없이 지각이었다.

내 짝꿍 서민준은 반에서 공룡 박사로 불렸다. 공룡에 관한 한 그 애만큼 많이 알고 있는 아이는 없을 것이다. 그것 말고도 아는 게 꽤 많아 나는 속으로 그 애를 척척 박사라고 불렀다. 서민준은 하얀 피부를 가졌고 잘생겨 여자애들에게 인기가 많았다. 어떤 여자애들은 서민준과 서로 사귀려고 싸우기까지 했다는 소릴 들었다. 그러나 서민준은 그 누구와도 사귀지 않았다. 조용한 성격에 누구에게나 친절했다. 내게도 그랬다.

수요일, 미술 시간이었다. 수채화 시간이었는데, 나는 필리핀집 뜰에 있던 파파야나무를 그리고 싶었다. 그런데 내 물감은 쓸 수 있는 게 몇 개 안 되었다. 노랗게 익은 열매를 주렁주렁 달고 있는 파파야나무 세 그루를 밑그림으로 그린 뒤, 색칠을 못 하고 스케치북을 막 덮으려 할 때였다. 서민준이 제 물감 뚜껑을 열어 보이며 말했다.

"임경은, 이것 써!"

나는 서민준 것까지 물을 받아 와 책상에 놓았다. 서민준은 배경으로 나무 몇 그루를 더 그려 넣으며 말했다.

"이건 초식 공룡이야. 그러니 나무를 많이 그려야 해."

나는 서민준 팔레트에 말라붙어 있는 노랑 물감에 물을 묻힌 다음 붓에 물감을 묻혀 파파야 열매를 칠하기 시작했다. 그리고 마르기를 기다린 뒤, 연록색을 윗부분에 살짝 얹어 주었다.

"그게 무슨 열매야?"

서민준이 물었다. 파파야 열매라고 말해 주었다. 서민준은 본 적이 없는 열매라며 어디에 사는 나무냐, 열매는 몇 개 정도 열리냐, 맛은 어떠냐며 꼬치꼬치 묻고는 내게 먹어 보았느냐고 물었다.

"내가 제일 좋아하는 거야. 속이 노랗게 잘 익은 파파야를 반으로 가르면 속에서 아주 예쁜 씨가 나와. 개구리알 같아. 덜 익은 씨는 좁쌀 같고."

서민준은 스케치를 하다 말고 "나도 꼭 먹어 보고 싶다."고 말했다.

서민준은 공룡에게도 파파야 열매를 주고 싶다며, 마치지 못한 스케치에 파파야나무 한 그루를 그려 넣었다.

나는 파파야나무가 그리웠다. 우리 집 뜰에 있는 파파야나무를 생각하며 서민준 물감으로 그림을 완성했다. 서민준은 한 번도 본 적이 없다는 파파야나무를 상상하며 그리는 것 같았다. 내 마음이 초라하지 않게 따뜻하게 말해 주고 도움을 준 서민준이 고마웠다. 나는 서민준에게 잘 익은 파파야 열매의 맛을 보여 주고 싶었다. 하지만 한국에 와서는 나도 파파야열매를 본 적도 먹어 본 적도 없다.

다음 날, 교실에 들어서는데 아이들이 킥킥거렸다.

서민준. 임경은 결혼.

세상에! 서민준은 국어책에 눈을 박고 가만히 앉아 있었다. 자리에 앉으려다말고, 나는 칠판을 슥슥 지우고 돌아와 자리에 앉았다. 서민준이 얼마나 당황했을까? 나는 아무렇지 않은 척 책을 꺼내 펴고 수업 준비를 했다. 아무래도 범인이 김소은 같았다. 어제 미술 시간에 서민준이 내게 물감을 빌려 주고 파파야나무에 대해 물으며 얘기를 나누던 것을 앞자리 김소은이 다 들었을 것이다. 김소은에게 한마디 해 주고 싶었지만 증거가 없으니 그럴 수도 없었다. 김소은은 꼼짝하지 않고 앉아 있었다. 뒤통수를 한 대 때려 주고 싶은 마음이 굴뚝 같아 손이 자꾸 올라갔지만 꾹 참았다. 무엇보다 서민준에게 미안했다. 괜히 서민준 눈치가 보였다. 청소 시간에 김병주가 서민준에게 말했다.

"서민준, 다문화랑 사귀냐?"

서민준은 말없이 책상 줄을 맞추고 있었다. 김병주는 서민준 등을 쿡쿡 찌르고 킥킥거리며 묻고 또 물었다.

"야, 너 진짜 사귀지? 아무 말 안 하는 걸 보니 진짜구나? 킥킥."

김병주는 끈질기게 서민준을 따라다니며 놀렸고, 재미있어 죽겠다는 표정이었다. 남자애들 몇 명이 김병주 뒤를 따랐다. 여자애들은 나를 흘끗흘끗 쳐다보다 킥킥거렸다.

그때, 김소은이 소리쳤다.

"서민준, 너 진짜야? 왜 부인 안 해?"

그러고 보니 김소은이 서민준을 좋아했던 모양이다. 그렇다면 칠판에 써 놓은 범인은 김소은이 분명했다. 쫓아가 머리채를 잡고 흔들어 주고 싶은 마음이 간절했다. 하지만 "폭력은 안 돼!"라고 단호하게 말했던 5학년 담임 선생님과의 약속 때문에 그러지 못했다. 분노를 통제할 수 없는 사람은 큰사람이 될 수 없다고 선생님이 그러셨다.

서민준을 짝사랑하는 김소은이 참 안됐다. 서민준은 남자 애들이 따라다니며 놀리는데 피식피식 웃다가 책상 정리를 한 뒤 자리에 와 앉아 있었다. 고무줄을 삶아 먹은 것처럼 김병주는 끝까지 서민준을 물고 늘어지며 캐물었다.

"야, 말해 봐? 진짜 사귀지?"

"그러면 어쩔 건데? 밥이라도 사 줄래?"

나는 깜짝 놀랐다. 서민준 입에서 그런 말이 나오다니? 순간, 아이들은 번개를 맞고 숯덩이가 된 나무처럼 정신을 잃은 것 같았다. 나도 그랬다. 너무 뜻밖이었다. 아이들은 벌린 입을 다물지 못했다.

6학년 내내 서민준은 다문화와 사귄다는 아이들의 놀림을 받았고, 나는 그런 서민준에게 미안한 마음을 갖고 지냈다. 서민준은 아이들이 놀리건 말건 별로 신경 쓰지 않는 것 같았다. 그런 서민준이 나는 고맙고 좋았다. 그렇게 우리는 6학년을 마치고 중학생이 되었다. 서민준과 나는 같은 반이 되지 못했다. 중학교에 가서도 나는 서민준과 사귄 다문화 아이로 아이들의 놀림을 받아야만 했다.

"서민준같이 잘생기고 똑똑한 애가 뭐가 모자라 저런 애랑 사귀니? 말도 안 돼."

아이들은 서민준은 나와 절대 사귈 수도 없고 사귀어서도 안 된다고 말했다. 나와 서민준은 사귄다고 한 적이 없는데, 아이들은 오해하고, 있을 수 없는 일이라며 부정했다.

"아마, 서민준이 다문화가 불쌍해서 잘 대해 준 거지. 애가 착하잖아."

서민준이 내게 잘 대해 준 것은 순전히 다문화여서, 불쌍해서 그런 것이라고도 말했다. 정말 그랬을까?

아이들은 잔인했다. 나는 말할 친구가 한 명도 없이 우울한 중 1, 사춘기를 보내고 있었다. 그러던 어느 날, 체육복을 갈아입고 운동장으로 나가는 중이었다. 여자애 셋이서 길을 가로 막았다. 다른 반 애들이었다.

"야, 다문화! 너 따라와!"

애들이 앞서 걸었다. 애들이 등나무 아래 수돗가 옆에서 손짓했다. 나는 영문도 모른 채 아이들을 향해 걸었다.

"야, 다문화? 너 진짜 서민준하고 사귀냐? 말해 봐? 진짜야? 그래?"

앞머리로 한쪽 눈을 가린, 키가 좀 큰 애가 물었다.

"다문화? 너 말 안 해?"

여자애가 내 뒷덜미를 잡아당기며 종아리를 두세 번 걷어 찼다.

"서민준은 내 거다. 건들면 죽어! 다문화 주제에 넘볼 걸 넘봐야지. 주제 파악 좀 해라. 엉?"

"내 주제가 어때서? 내 이름은 임경은이야! 다문화가 뭐야. 이름을 불러! 그리고 내가 서민준 좀 사귀면 안 되니?"

"와, 요것 봐라! 어디서 말대꾸야? 사귀면 안 되냐고? 그래, 너는 안 돼. 너 착각하지 마! 서민준 걔는 원래 착해서 누구에게나 친절해. 그러니 착각하지 말라고, 요년아!"

그 애가 먼저 내 머리채를 잡았고, 다른 두 아이는 내 어깨를 눌렀다.

"무릎 꿇어! 요게 겁도 없이 까부네. 어디 다시 한 번 말해 봐! 주둥이를 확 까부순다! 알았어?"

한 아이가 내 등에 퉤! 하고 침을 뱉었다. 머리채를 잡고 주저앉히고 발로 차댈 때도 울지 않았는데, "퉤!" 소리를 듣는 순간 나는 땅에 머리를 박고 울고 말았다. 가슴이 너무 아팠다. 나는 꼼짝하지 않고 가만히 있었다. 아이들이 타다닥 뛰어가는 소리가 들렸다. 운동장에서 휘파람 소리가 났고 체육 수업이 시작된 것 같았다.

'몸이 이대로 녹아 땅으로 스며들었으면!'

그러면 모든 것이 끝날 것 같았다. 나는 누군가 내 몸을 일으켜 세울 때까지 한참을 그렇게 있었다. 같은 반 김선우였다. 선우는 내 옷에 묻은 흙을 털어 주었고, 헝클어진 머리카락을 손가락으로 가지런히 정리해 주었다. 자꾸 눈물이 나왔다. 옷을 털어 주고 머리를 정리해 주니 더 눈물이 나왔다. 선우는 나를 데리고 양호실에 가는 동안 아무것도 묻지 않았다.

"배가 아파 양호실에 가던 길이었어."

그렇게 선우와 나는 양호실 동기가 되었다.

엄마는 열심히 일했다. 낮에는 베이비시터를 하고, 저녁을 먹고 나면 부리나케 목욕탕으로 달려갔다. 목욕탕 청소를 마치고 돌아오면 열두 시가 넘었다. 그런 엄마가 걱정이 되어 저녁에라도 쉬었으면 좋겠다고 말했지만 엄마는 아랑곳하지 않았다.

"경주도 곧 학교에 들어가고, 너도 중학생이 되었는데 엄마가 더 열심히 해야지."

엄마는 저축을 하고 있으니, 조금씩 사는 게 나아질 것이라고 말했다. 그렇게 엄마는 씩씩한 우리 집 가장으로 대한민국 일꾼이 되어 갔다. 그리고 마침내 꿈에 그리던 방 세 개짜리 임대 아파트를 분양 받았다.

나와 선우는 서로 하지 못할 이야기가 없는 사이가 되었다. 선우는 똑똑한 애였다. 초등학교는 내가 살았던 빌라 건너편 아파트 내에 있는 학교를 다녔다고 했다. 전교 회장도 했고, 공부, 노래, 춤도 잘 추는 팔방미인이었다. 그런데 중학교에 들어오며 아이들은 그런 선우를 따돌리기 시작했다. 선우는 자주 결석을 했고, 학교에 오면 배가 아파 양호실에 들락거리고 있었다.

"네가 너무 똑똑해서 그런 거야."

"말도 안 돼. 난 똑똑하지 않아. 평범한 애라고."

"네가 그렇게 겸손하니까 애들이 더 재수없다고 하더라."

"참 어이가 없어. 똑똑해도, 겸손해도, 부족해도, 다문화도 다 왕따가 되어야 한다면 이 세상 모든 아이들이 왕따를 당할 수도 있다는 거네?"

선우는 그런 학교가 싫다고 말했다. 그만두고 홈스쿨링을 할까 생각 중이었다. 홈스쿨링이 필리핀 아저씨가 내게 해 준 것처럼 집에서 하는 공부라는 걸 알고 있었지만, 나는 그렇게 하고 싶지 않았다. 엄마는 굴복하지 말라고 했다. 뒤로 물러서면 지는 것이라고 했다. 필리핀 아저씨도, 식물도 다른 토양에 옮겨 심으면 뿌리를 내리는 게 쉽지 않다고 했다. 잘 견딘 식물은 뿌리가 더 튼튼하다고. 나는 필리핀 아저씨가 내게 가

르쳐 준 것들, 내게 해 준 말을 선우에게 해 주었다. 그리고 그 누구에게도 말하지 않았던 사장 아빠와 우리 가족 얘기도 털어놓았다. 누군가에게 들킬까 봐 꼭꼭 숨겨 두었던 것이었는데, 말하면 많이 창피할 것 같았는데 괜찮았다. 마음이 홀가분해졌다.

나는 선우에게 말했다.

"난 홈스쿨링 안 해. 끝까지 학교에 다닐 거야. 우리, 그렇게 하자."

나는 선우에게 '우리'라고 말했다. 그리고 물러서면 지는 것이라고 엄마가 해 준 말을 반복했다.

"그래, 생각해 보니 우리 잘못이 아니야. 우리가 뭘 잘못했는데? 왜 우리가 숨어야 해? 네 말이 맞아."

선우와 나는 서로 바라보며 웃었다. 선우도 나도 모처럼 웃어 보는 것 같았다.

"우리는 못된 짓 하지 말자."

선우가 말했다.

"그래. 우리는 누군가를 아프게 하지 말자."

내가 말했다. 그렇게 선우와 나는 한마음이 되어 서로 위로하고 의지하며 학교생활을 계속했다.

선우는 내게 옷도 주었고 신발도 나누어 주었다. 어느 날,

나는 선우를 우리 집에 초대했다. 내가 한국에 와서 처음으로 집에 초대한 친구였다. 선우에게만큼은 내가 사는 것을 보여 줘도 괜찮을 것 같았다. 나는 선우에게 필리핀 아저씨가 준 요리책을 보여 주었다. 그리고 내 꿈에 대해서도 얘기했다. 선우는 미니어처를 잘 만들었다. 인터넷으로 재료를 사서 동영상을 보고 만든다며 내게 몇 개 선물로 주었다. 나는 아저씨가 준 요리책을 보며 다양한 요리를 해 보고 싶지만 그러지 못하고 있었다. 재료를 사겠다고 엄마에게 아직 얘기해 본 적이 없다.

"방학에 우리 집에서 이 요리책에 있는 것 다 해 보자, 우리!"

선우가 내 형편을 알고 한 말일까? 선우는 말할 때면, 앞이나 뒤에 '우리'라는 말을 꼭 붙였다. 나는 그래서 선우가 더 좋았다. 우리는 그렇게 방학을 기다리며 씩씩하게 학교생활을 하고 있는 중이다. '우리'가 되어서다. 아이들이 나에게 '다문화'라고 해도 괜찮았다. 아이들이 나를 '다문화'라고 부를 때마다 나는 이렇게 말했다.

"다문화여서 나는 좋아. 너보단 내가 다른 문화를 더 알잖아."

그렇게 말하니, 아이들은 나를 놀리는 게 별로 재미없어진 것 같았다. 나는 전보다 훨씬 씩씩하고 당당해졌다. 엄마, 필리핀 아저씨의 말처럼 어디서건 주눅 들지 않기로 했다.

어떤 아이들은 방과 후, 내게 그룹으로 영어 프리 토킹을 하자고 말했지만 생각 중이다. 선우와 나는 여전히 학원에는 가지 않는다. 나는 선우의 영어 공부를 도와주고 선우는 내게 국어와 부족한 과목을 도와주며 함께 걸어가고 있다. 서로의 꿈을 응원하면서 말이다.

한국 내 이민자 현황

우리나라에 이주해 오는 이주민들은, 주로 동남아인들과 중국(연변 조선족)인이 대부분이다. 2004년부터는 산업연수생을 중심으로 고용허가제와, 2017년 법무부 주관 '외국인 계절근로자 제도'가 시행되면서 단기체류비자(C-4)로 들어오는 외국인 노동자가 꾸준히 늘고 있다.

이들은 주로 농축산, 건설, 어업 등에 종사하는 노동자로 하루 평균 10시간 이상을 일하고 한 달 평균 2일 정도의 휴일제로 일하는, 취약한 노동조건에 놓인 경우가 많다. 그뿐 아니라, 고용주로부터 폭언, 폭행, 성폭력, 협박 등 차별을 받고 저임금, 임금체불 등으로 어려움을 겪는 경우도 있지만, 법적으로 도움을 받기가 어려운 형편이다.

2016년 기준 주민등록상 등록된 체류 외국인은 2,049,441명(장기 1,530,359명, 단기 519,082명)으로, 주민등록인구 51,696,216명 대비 체류 외국인 비율은 3.96퍼센트다.

장기 체류자는 한국계 중국인이 매년 40퍼센트 늘어 1위, 베트남, 미국, 필리핀, 우즈베키스탄, 캄보디아, 인도네시아, 네팔, 태국 순이지만 우즈베키스탄, 캄보디아 이주자가 증가 추세에 있다.

결혼 이민자의 비율은 베트남, 일본, 필리핀, 캄보디아, 인도네시아, 네팔, 태국 순으로 가족 동거 체류 이주자가 점점 늘고 있다.

2016년 기준, 총 체류자 중 미등록 체류자는 208,971명이다.

한국 남성과 결혼해 이주해 오는 여성이 늘어나고 있다. 그들 사이에서 태어난 아이들뿐 아니라, 재혼하는 경우, 아이를 데리고 들어오는 경우도 늘어 다문화 아이는 증가 추세다.

통계청에 따르면, 2007년 44,258명이었던 다문화 아이들은 2010년 기준, 121,935명으로 증가했다. 이 아이들뿐 아니라 불법 체류 신분 부모에게서 태어나 출생신고가 되지 않은 아이들까지 포함하면 훨씬 더 많다.(자료: 〈2016년 출입국외국인정책 통계연보〉 법무부 출입국 외국인 정책 본부)

에필로그

다운타운 공연이 있고 보름쯤 지났을까? 프레드 아빠가 새로운 거처를 마련했다고 했다. 언젠가는 그럴 것이라고 생각했지만 막상 프레드 가족이 떠난다니 서운했다. 새 살림을 차리려면 필요한 게 많을 것 같아 살림살이 이것저것을 나눠주었다. 어차피 나는 한국으로 돌아와야만 했으니. 프레드 아빠가 그 사실을 알고 있었을까? 그래서 먼저 떠나려고 했는지도 모른다.

우리 집에서 그리 멀지 않은 곳에 방 두 칸짜리 아파트를 얻었다는 프레드 가족. 나는 그들이 안전하게 미국에 정착하기를 간절히 바랐다. 선량한 프레드 아빠 같은 불법 이민자들이 합법적으로 일을 할 수 있고 정부의 다양한 혜택을 누리며 살 수 있다면 얼마나 좋을까. 언제 추방당할지 몰라 불안에 떠는 일이 없는 평범한 하루하루가 그들에게 주어진다면,

뭘 더 바랄까.

미국은 이민자의 나라다. 밀입국하는 사람들을 찾아 추방시키는 일은, 국경 수비대와 이민국이 하는 일이지만, 놀랍게도 그 일부는 이민자의 자손이거나 이민 1세대라는 사실에 나는 놀랐다.

우리나라에서도 이런저런 이유로 해마다 많은 사람들이 미국으로 이민을 간다. 우리나라에는 동남아계 이주 노동자들이 들어와 궂은일을 하고 있다. 나가고 들어오고, 합법이든 불법이든 이민자로 살아가려는 사람들이다.

고향을 등지고 새 터전을 찾아오는 사람들에게 정부나 이웃들이 할 수 있는 일에는 무엇이 있을까? 이민자나 난민들은 어디서 살던, 생존권을 보장받고 살 수 있길 바란다. 나 또한 법적으로 체류할 수 있는 기간이 되어 미국을 떠나야 했지만, 약속을 지키지 않고 남아 있었다면 불법 체류자가 되었을 것이다.

우리나라에도 그런 불법 체류자들이 많다. 그들은 대부분 노동 조건이 열악한 환경에서 일하는 경우가 많다. 건설 현장이나 가구 단지, 화훼나 농작물을 재배하는 하우스 등에서 일한다. 아파도 병원에 갈 수 없고, 아이를 낳아도 출생신고를 하지 못해 학교에 보낼 수도 없는 불법 체류자들. 그들의 노동력을 착취하고 임금을 주지 않는 고용주들도 있다고 한다. 항의라도 하면 신고해 붙잡혀 추방당할까 봐 그들은 늘 두려움 속에서 살고 있다. 그런 신분으로 살아가는 사람들이 미국에도 아주 많다.

우리나라에서 미국 가정으로 입양된 아이들이 다시 버려지고 있다는 사실에 나는 놀랐다. 성년이 되기 전 양부모가 시민권 신청을 하지 않으면 입양된 아이들은 미국 시민이 아니다. 그저 영주권을 가지고 불안하게 살다 법적인 문제가 생기면 한국으로 추방당할 수밖에 없는 현실에 놓여 있다. 입양이 완료되려면 양부모가 주 법원에서 입양 재판을 받아 시민권을 얻게 되는데, 양부모들이 그런 과정을 거치지 않은 경우다.

미국에서 양부모에게 두 번씩이나 버림받고 열여섯에 노숙자가 된 크랩 서라는 남자는, 세 살에 다섯 살 된 누나와 미국 가정에 입양되었다가 버려졌다. 첫 번째 양부모에게 버림받고, 두 번째 양부모에게 끔찍한 학대를 받으며 살았는데, 열여섯 살에 길에 버려져 노숙자가 되었다. 어느 날, 양부모집에 두고 온 한글 성경책을 가지러 갔다가 주거침입죄로 체포되었는데 그때서야 자신이 미국 시민권자가 아니라는 게 밝혀졌다. 법적 소송을 했지만 패소했고, 마흔이 넘어 한국으로 추방되었다. 미국에 아내와 아이들이 있는 상태였다. 얼마나 난감했을까? 38년을 넘게 미국인으로 알고 살았는데, 그게 아니었으니 말이다.

프레드 가족이 우리 집을 떠난 뒤 두 달이 지나 나는 한국으로 돌아와야만 했다. 한국에 돌아온 나는 그동안 함께 했던 아이들을 오랫동안 잊을 수가 없었다. 사진이라도 좀 찍어둘걸. 많이 후회되었다.

미국에 살면서 많은 이민자 아이들을 만났다. 이민 1세와 2, 3세 아이들. 태어나고 자랐던 고향을 떠나 프레드처럼 들어온 아이들은 정체성의 혼란을 많이 겪는 것 같았다. 전혀 다른 문화권으로 들어와 산다는 건 쉬운 일이 아니다. 청소년기 아이들은 더욱 그랬다. 그런 아이들 중에는 방황하다 나쁜 길로 빠져드는 경우도 있다.

외국에서 우리나라에 온 다문화 아이들 또한 그럴 것이다. 언어는 물론 모든 것들이 낯설어 적응하기 힘들 것이며, 다문화 가정에 대한 사회적 시선으로부터 자유롭지 못할 것이다.

만약 우리가 언어도 문화도 다른 낯선 타국에 갔는데 현지인들이 불친절하다면 그 마음이 어떨까? 그러니 지금 누군가 기댈 수 있게 한쪽 어깨를 내주어야 한다.

모두에게 이로운 일이란 무얼까? 그런 생각을 많이 하며 살았던 미국 생활이었다. 힘든 시간을 겪고 나면 힘들게 사는 사람들이 자꾸 눈에 밟힌다. 오르막길을 힘들게 올라가는 수레를 보면 뒤에서 밀어 주고 싶듯. 거창한 게 아니고 작은 것 하나를 실천하는 것, 그게 지향해야 할 삶이라고 생각하게 되었다.

살아온 터전을 떠나 남의 나라에서 살게 되면 나는 누구인가? 무엇 때문에 이곳에 왔을까? 결핍을 어떻게 메워 갈 것인가? 어떻게 살아야 할까? 이런 질문을 할 수밖에 없다. 그래서 길에서 물건을 팔고 있던 프레드가 눈에 들어왔는지도 모른다.

나는 그곳에서, 세상 모든 인종은 하나라는 사실을 깨달았다. 피부와 언어, 문화와 법을 떠나 생명 있는 것들은 모두 보호받고 살아가야 한다는 것을. 내가 프레드 가족을 생각하며 행한 일은 아주 작은 것인데, 그 가족들에게 보탬이 되고 힘이 되었다면 나는 아주 멋진 일을 한 것이다.

별것 아닌 일들이 어떤 사람들에게는 아주 큰 힘이 된다는 사실도 알았다. 여전히 우리 주위에는 우리가 별것 아니라고 생각하며 하는 행동을 기다리는 사람들이 많다. 우리 아이들이 타인의 아픔을 내 것으로 받아들여 다문화 가족에 대한 관심을 좀 더 가졌으면 좋겠다.

피부, 언어가 다르고 다른 문화에서 살았다고 인간이 아닐까? 그건 우리가 입고 있는 옷에 불과하다. 인종에 대한 분류 자체가 모순이다. 인간이라는 본질은 피부가 다르다고 다르지 않다. 그저 제각기 다른 옷을 입었듯, 태어난 곳이나 자란 환경에 따라 언어와 문화가 다른 것뿐이다. 그러니 피부나 국적에 의해 인간에 대한 평가와 판단을 한다면 오류를 범하기 쉽다. 색안경을 벗어야 한다. 그래야 서로 상처 주지 않고 함께 살아갈 수가 있지 않을까.

누구에게나 삶은 계속되어야 하고, 그 삶이 계속될 수 있도록 국가, 사회, 이웃이 도와야한다. 내 삶이 소중하면 타인의 삶 또한 존중되고 보호받아야 하니까. "내 문제가 아니고 네 문제야"라고 말하면, 내가 어떤 어려움에 맞닥뜨렸을 때 아무도 손을 내밀지 않을 거다. 그럴 때, 마음이 어떨까?

공연 이후 아이들은 가끔 모였다. 프레드는 우리 집을 떠났지만 종종 참여했고, '위령이를 보려고 왔나?' 싶을 정도로 위령이와 잘 지냈다. 내가 그곳을 떠날 때까지. 아이들은 우리 집을 자주 찾아왔다.

소문에 의하면, 아이들은 방학을 이용해 뉴욕 거리 공연을 가졌다고 한다. 언젠가 꼭 그렇게 할 거라고 모하메드가 말했는데, 그 소원을 이루었으니 참 다행이다. 나는 아이들이 어디서건 마음을 다지고, 뿌리를 내리며 잘 살고 있을 거라 믿고 있다.

아이들의 평화는
왜 오지 않을까?

첫 번째 찍은 날 | 2018년 11월 29일
두 번째 찍은 날 | 2019년 9월 30일

글 강안 | 그림 버닝피치
펴낸이 이명회 | 펴낸곳 도서출판 이후 | 편집 김은주

표지 및 본문 디자인 | (주)끄레 어소시에이츠

등록 | 1998. 2. 18.(제13-828호)
주소 | 10449 경기도 고양시 일산동구 백석동 1324 동문타워 2차 1004호
전화 | (대표) 031-908-5588 (편집) 031-908-1357 팩스 02-6020-9500
블로그 | blog.naver.com/dolphinbook
페이스북 | facebook.com/smilingdolphinbook

ISBN | 978-89-97715-63-3 43300

이 도서의 국립중앙도서관 출판시도서목록(CIP)은
e-CIP 홈페이지(http://www.nl.go.kr/cip.php)에서 이용하실 수 있습니다.
(CIP 제어번호: CIP 2018035791)

* 이 도서는 2018년 경기도 우수 출판콘텐츠 제작 지원 사업 선정작입니다.

꽃의 걸음걸이로, 어린이와 함께 자라는 웃는돌고래
웃는돌고래 는 〈도서출판 이후〉의 어린이책 전문 브랜드입니다.
어린이의 마음을 살찌우고, 생각의 힘을 키우는 책들을 펴냅니다.